シニア通販は「こだわりの大人女性」を狙いなさい!

株式会社スクロール360
高山隆司
山下幸弘

ダイヤモンド社

はじめに

小売業でいま、最も勢いがあるのが通信販売（通販）である。そして、小売業のターゲットでいま、最も注目されているのがシニア市場である。通販によるシニア市場の攻略に多くの企業がこぞって力を入れているのは当然のことだろう。

ところが、通販のやり方を知っているか、シニア市場を理解しているか、と尋ねた場合、両方満足にYESと答えられる企業は意外に少ないと感じる。

特に、シニアとは何歳からのことか。シルバーとの境目はどこか。単純に年齢で区切るのが正しいのか。シニアはどんな志向性を持ち、どんな購買行動をとるのか。みなさんはご自分がターゲットとするシニアについて、明確なイメージを持っているだろうか。

結論から言うと、シニアに明確な定義は存在しない。何歳から何歳という年齢を定義しているものもない。従って「シニアとは？」という定義に時間を使うより、「どんなシニアをターゲットにすれば良いか？」ということに時間を使うべきではないだろうか。

本書ではタイトル通り、「こだわりの大人女性」こそ今後、最も狙うべきシニア・ターゲットだと考える。ここでいう「こだわりの大人女性」とは、年齢としては50代から60代、子育てから解放され第二の人生を再構築するタイミングの女性たちである。

詳細は第1章で述べるが、絶対数からも購買力からも一押しのセグメントである。

もし、富士登山をしようと決めたとき、みなさんはどんな行動をとるだろうか。ガイドブックを買って熟読し、経験者から話を聞き、登山用品店に行って富士登山に適した装備を揃え、できれば事前に手ごろな山に登って練習をするのではないかと思う。もし、そうした準備を省いて普段着で富士山に登ろうとしたら、どんなことになるかは想像がつくだろう。

ところが、シニア向け通販に参入する企業の中には、十分な事前調査さえ行わずにスタートし、うまくいかずに途方に暮れているケースが多い。

当然のことながら、シニア向け通販でうまく行っている企業はそのノウハウを外部に出すことはなく、シニア向け通販に関する実践的な書籍が少ないのは当然と言える。

著者たちが所属しているスクロール360は、グループ企業の通販事業のノウハウやインフラを活用し、200社を超える通販会社のお手伝いをしている。ひと言でいえば、通販ビジネスのソリューション業である。

サポート・メニューとしては、物流代行、受注代行、決済代行、ネット通販システムの提供といったバックヤード分野から、ネット戦略設計支援、ECサイトリニューアル&運営代行支援、オムニチャネル戦略設計支援といったコンサルティングまで、まさしく360度のソリューションが強みである。

最近はメーカーやリアル店舗展開企業からの問い合わせが増えている。通販ビジネスに参入したが2~3年経ってもうまくいかない、どこから立て直せばいいのか分からない、というのだ。しかも、トップからは「ツイッターをやれ」「フェイスブックを活用しろ」など次々と新しいミッションが届き、途方に暮れている担当者が多い。

本書では、シニア向け通販を手掛けている株式会社スクロール・グループの3つの通販事業の協力のもと、成功ノウハウや通販手法、過去の失敗事例まで、極力包み隠さずに公開している。また、今後の課題としてインターネットの活用方法についても紹介している。

3つの通販事業の概要は次の通りである。

『ブリアージュ』

株式会社スクロールが手掛ける、50代から60代の女性向け通販ファッション事業。立ち上げ**初年度で10万人の顧客を獲得**。高いファッション性と手頃な価格を両立したことでシニアの支持を得ているファッションブランドである。

『北海道アンソロポロジー』

「Quality of Life」をスローガンに、〝美と健康〟をテーマとした健康食品、化粧品を展開。主力商品「ミラクルクイーン」は**販売実績140万本突破のロングセラー商品**である。2014年からは、北海道の安全・安心・高品質な食材を取り扱う、WEBサイト「三ツ星北海道」をスタートした。

『豆腐の盛田屋』

日本三大秘境のひとつと言われる宮崎県椎葉村で、キレイな湧き水とこだわりの国産大豆だけを使い、手作り製法で豆腐づくりをしている。そこでつくられる濃厚な豆乳をオリジナル原料とした豆乳スキンケア化粧品を通販で展開。**人気商品である「しゃくなげ花酵母豆乳せっけん」はリピート率が80%を超える。**

本書の主張は、次の2点に要約できる。

①シニア向け通販ビジネスを伸ばすには「こだわりの大人女性」を狙うべきである。

②「こだわりの大人女性」をターゲットにする通販ビジネスには色々な方法がある。自社の商品特性に応じて最適なものを選ぶことが成功の鍵を握る。

本書がご紹介する具体的な事例や実践的なノウハウを知ることによって、ご自分の会社、ご自分の担当部門が狙うターゲット・イメージや通販ビジネスの手法について理解を深めていただくきっかけになれば幸いである。

そして、シニア向け通販市場がより活性化し、シニア世代が安心して快適な通販ショッピングを楽しめるようになることを願っている。

株式会社スクロール360
高山隆司
山下幸弘

目次

第2章 「こだわりの大人女性」の心をつかむ商品開発 …… 57

第3章 「こだわりの大人女性」を攻略するビジネスモデル 95

第4章 効率的なプロモーション表現の選択 131

第5章 ネットの可能性をフル活用する……165

第1章

シニア通販をけん引する「こだわりの大人女性」

1. メインターゲットは50～60代の女性

戦後の日本を変えた主役

２０１０年、日本の全人口のうち50歳以上が占める割合が43％となった。２０３０年になるとこれが51％まで上昇し、全人口の過半数が50歳以上で占められるようになると予測されている。

消費における流行を産み出す原動力は若者であると捉え、メインターゲットとして考えることは、これからの日本では非常に難しくなってくることは間違いない。

このような状況の中で２０１２年、団塊世代の先頭である１９４７年生まれが定年年齢である65歳に達したことから、自由な時間を謳歌する大量のシニアが誕生し、新たなビジネスチャンスにつながるとして、各業界が積極的な取り組みを始めている。

特に注目が集まっているのが、**団塊世代の半分以上を占め、戦後日本の社会を変えた主役とも言える女性たち**だ。高度経済成長期に少女時代を過ごし、初めてミニスカートをは

図表1　40代以上の男女の人口比

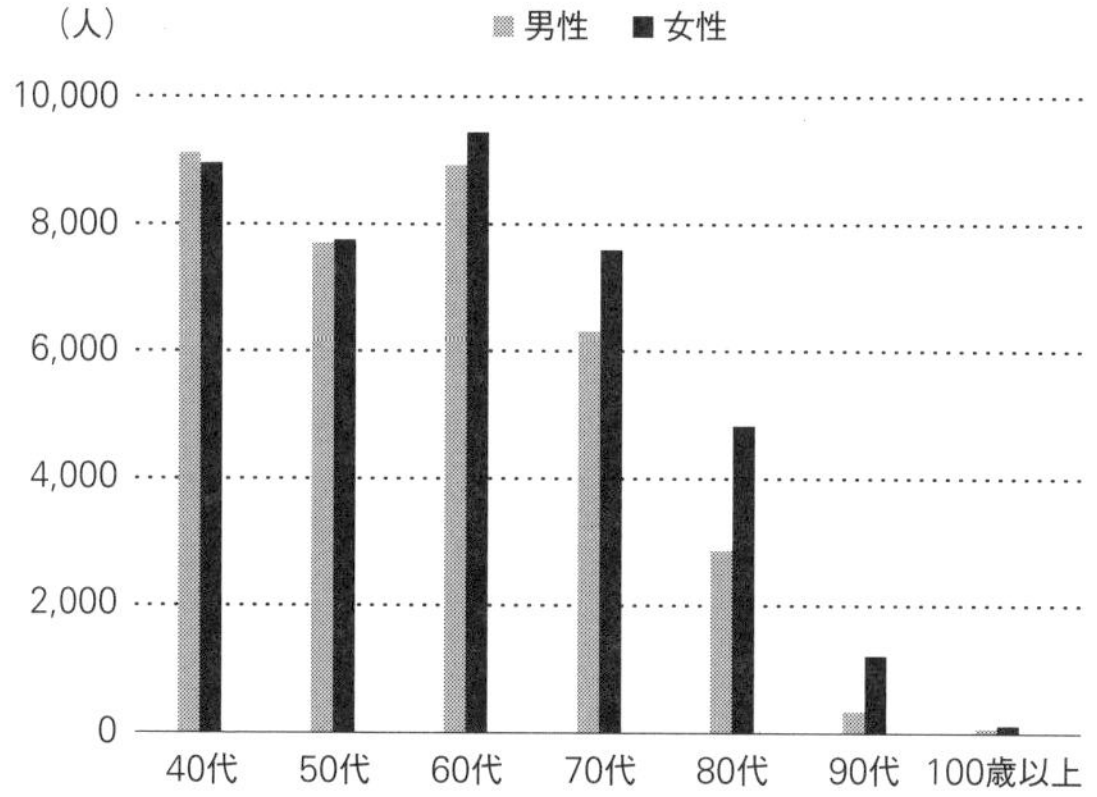

※出典:総務省統計局「人口推計(平成25年10月1日現在)」(総人口)

き、海外の新しい文化をどんどん生活に取り入れ、職場でも総合職として採用されるなど、それ以前の世代とは全く違う環境で人生を生きてきた女性たちが、いま再び新たな消費を生み出す鍵を握ろうとしているのだ。

彼女たちは、「消費は美徳」といわれる中で育ち、消費に対するポジティブな価値観を共有している。その意識や消費行動は、年齢を重ねても変わらないと思われる。また、同世代の男性と比較した場合、健康や美容、オシャレ、趣味、学びなど多方面への好奇心に溢れ、家庭内では様々な〝モノ〟の購買役である主婦として過ごしてきた時間が長い。

今後のシニア通販において、彼女たちに

「買いたい」と思わせる商品開発やプロモーションの展開は、業界としての成長にとって不可欠な条件である。

「こだわりの大人女性」の消費傾向

とはいえ、人口のボリュームゾーンにいる団塊世代の女性たちが、どんな商品でも積極的に消費するかと言えば、そうではないだろう。

年齢を重ねているということは、単に年を取っているということではない。これまでの人生で様々な経験を積み、それを通して物を見る目や価値を理解する力が養われているはずだ。

本書では、団塊世代の女性の中でも特に自分の価値観や好みをはっきり持っている集団を「こだわりの大人女性」と名付けたい。

そして、「こだわりの大人女性」は、その育ってきた環境やいま迎えている生活及び自分自身の変化から、**団塊世代を中心としながら下は50代から40代後半あたりまで広がっている**と考えられる。

確かに、現代の50代や40代後半の女性は非常に活発で若々しく、60代以上のシニアとは違う面は多々あるだろう。しかし、意識や行動パターンに関しては、30代、40代前半よりも、60代以降の女性たちとの共通部分が多い。マーケティング視点からは、プレ・シニアとして「**こだわりの大人女性**」というくくりでとらえることが有効である。

では、「**こだわりの大人女性**」はどのような点にこだわり、消費へと動くのだろうか。

こだわり① 「上質であること」

こだわりの大人女性は、表面的な見た目の美しさや、通り一遍の説明だけでは納得しない。物事の奥に隠された本質にこだわる、「**熟練した消費者**」と言える。

子供だましの宣伝には見向きもしないし、むしろ拒否反応を示す。本質的な価値に反応するため、価格よりも品質を重視する。若い世代とは異なり、一言で言って「安かろう、悪かろう」は受け入れない。ワンランク上のものに惹かれるという傾向が強いのだ。

大量消費の時代を生きてきても、ある程度の年齢に達するとさほど物は必要としなくなる。その分、「上質なものを少し」という欲求が高まってくる。商品を選ぶ際にもっとも重要なのが、「これだけは譲れない」という品質レベルだ。わずかでもこの品質レベルに満たないと思われてしまったら、こだわりの大人女性は二度と顧客として戻ってきてはくれないと肝に銘じる必要がある。

こだわり②　「有意義であること」

こだわりの大人女性は、時間消費に対する意識が高いという特徴も持つ。日本人女性の平均寿命から考えると、50～60代の女性には、今後20～30年間に、睡眠・食事・入浴・身の周りの用事などの生活必需時間をのぞいて、7万時間以上もの膨大な自由時間がある。そのため、消費においても、商品やサービス自体の魅力はもちろん、それを購入して利用することで、**いかに自分にとって有意義な時間が過ごせるか**が明らかな商品が好まれる。

この「時間を有効に使う上で役立つものであるか」という意識は、若い世代にあまりないものだろう。物を消費するだけではなく、それを利用することで心の満足を得る時間を消費したいのである。お金をかけてでも、有意義に自分の時間を消費したいという意識が強いのが、こだわりの大人女性の特徴だ。

こだわり③　「健康に良いこと」

こだわりの大人女性にとって、「健康」は消費における大きなきっかけである。

日本は世界一の長寿国であり、70歳を過ぎても現役で活躍する人は少なくない。今の時代、50～60代などまだまだ現役の真っただ中だ。

しかし、徹夜をした翌日でも元気だった20～30代の頃とは異なり、徐々に無理が利かなくなってくるのも事実だ。女性の場合、40歳を過ぎると自治体から乳がん検診のお知らせが届く。**健康に対する不安**が、少しずつ増えてくるのだ。

健康で自立した生活をいかに長く続けられるかは、こだわりの大人女性にとって大きなテーマにほかならない。

かつて、スポーツクラブの会員は若年層が中心だったが、近年ではシニアに特化したコースやプログラムが多数用意されている。

無農薬の野菜、オーガニック生地の洋服、天然成分由来のサプリメントなど、体に優しく健康に配慮した商品が好まれるのもうなずける。

健康に対する不安をいかに取り除けるか。こだわりの大人女性の消費意欲を刺激するには、欠かせない要素だ。

こだわり④　「信頼できること」

こだわりの大人女性は、納得感さえ得ることができれば、高価な商品に対しても出費を惜しまない。そして、品質のみならず、**商品の背景にあるストーリー性**にこだわる傾向も強い。なぜ、どのようにして、何のために生まれた商品なのかに強い関心を示すのだ。

それは、信頼へのこだわりにほかならない。**「上質であること」**へのこだわりにも通じるが、手間ひまを惜しまず丁寧に作られていること、ロングセラーで多くの人に愛されていることなどは、こだわりの大人女性の信頼を得る鍵となる。

逆に、「最新」や「最先端」などのキーワードは、ある程度彼女たちの消費行動を左右するかもしれないが、それだけでは足りない。学術的に認められた研究から生まれたとか、老舗メーカーとの協力で生まれたなど、信頼に足る要素を加えることが不可欠だ。

以上のようなこだわりから見えてくるのは、「宣伝文句を鵜呑みにせず疑ってかかる」「自分の価値基準で物事の評価を行う」「品質の明確な商品を支持する」などの思考だ。こだわりの大人女性は、物事の本質を見る目を持った厳しい消費者なのだ。

2.「解放段階」にあるこだわりの大人女性

第二の人生を再構築するとき

消費の牽引役として圧倒的な数の力を持つこだわりの大人女性だが、そのニーズを的確に掴むことは容易なことではない。

彼女たちを攻略するため企業に求められるのは、こだわりの大人女性特有の思考や行動にどのようなものがあるのかを今一度見直し、それらがどう消費に結び付くのかを徹底的に考えることではないだろうか。

そこで、こだわりの大人女性の捉え方や攻略の切り口を整理してみることにしよう。

まず、彼女たちを理解するキーワードして、「**解放段階**」という言葉を紹介したい。

シニアビジネス分野のパイオニアである村田裕之氏は、著書『シニアシフトの衝撃』（ダイヤモンド社）の中で、ジョージ・ワシントン大学の心理学者であるジーン・コーエンによる心理的発達の研究について、次のように述べている。

コーエンは、50代中盤から70代前半にかけての段階を【解放段階】と呼んでいる。日本の団塊世代は、ちょうど【解放段階】のど真ん中にある。この解放段階においては、何か今までと違うことをやりたくなる傾向がある。たとえば、サラリーマンを早期退職して沖縄に行ってダイバーになる。あるいは、ずっとパートでレジ打ちをやっていた女性がダンスの先生になる、といった具合だ。こういう一瞬の【変身】が起こりやすくなるのがこの段階の特徴だ。

この「解放段階」は、女性にこそ強く表れる特徴ではないかと、私たちは考える。

団塊世代の女性は、その多くが20代前半で結婚と出産を経験し、家事と育児、場合によっては家計のために仕事もこなし、夫と子どものために精一杯生きてきた。

ある時、子どもがひとり立ちして母親業から解放され、自分の時間が持てる余裕が生まれる。ある程度の貯蓄や自由になるお金もある。これからは自分自身のために時間とお金を使い、第二の人生を楽しもうと考えて不思議はない。

株式会社スクロールのアパレル通販である『ブリアージュ』では、商品に対する評価のヒアリングや新商材・新サービスに関するニーズの調査を目的としたグループインタビューをたびたび行ってきた。自社ユーザーと他社通販ユーザーを混ぜた50～60代の女性たちのリアルな声を拾ってみると、彼女たちが「解放段階」にあることがよく分かる。

例えば、週に数回のパートをしているある女性は、働く動機はお金ではなく社会との関わりを求めているためであり、趣味は習い事、という。ファッションに対するマインドでは「余裕のある大人の女性に見られたい」という意識が強く、エレガントなものを好む。年齢を重ねてきたため、いまさら安っぽいものは着られないと考えていて、素材の良い服など価値感にこだわりがあるものを慎重に選択している。

他にも、これまでとは違う新しい自分を探し、自分を磨き、自分のためにお金を使い、自分がとことん納得の行く商品を求めているという声が多かった。すべては、第二の人生を再構築するための行動だ。

消費につながるいくつもの「変化」

では、解放段階にある彼女たちは、どのようなきっかけで消費という行動を起こすのか。

前出の村田裕之氏は、人がモノやサービスを買うきっかけは「**状態の変化**」であるとして、「加齢による身体の変化」「本人のライフステージの変化」「家族のライフステージの変化」「世代の嗜好性の変化」「時代性の変化」の5つを挙げている。

これをシニアに当てはめてみると、ひとつめの「**身体の変化**」は、加齢に伴ういわゆる老化であり、個人差はあるものの誰にでも起こる現象だ。老眼になる、耳が遠くなる、ひざが痛くなる、物忘れしやすくなるなど、様々な形で身体機能が低下していく。そして、こうした現象は、シニアが消費行動を行う際、意思決定の大きな要因となる。

身体機能の変化は更年期ぐらいから加速し、病気、ストレス、生活習慣などとも結びついて、様々な生活上の問題につながってくる。

とくに女性の場合、閉経という大きなイベントがある。更年期障害は男性にも起こるが、女性のそれは閉経をきっかけに大きな波として襲ってくる。本人にとっては大変な苦痛だが、ビジネスとしては大きなチャンスの種だ。

身体機能の変化には、体型の変化も含まれる。『ブリアージュ』のグループインタビューで、通販を利用していない50～60代の女性からは、「試着しないとサイズが合うか分からないので利用しない」「サイズ展開がもっと幅広くなれば(利用するかもしれない)」「サイズが合わなかった場合の返品の仕方が簡単ならば利用する」などの意見が多く聞かれた。これらの問題さえクリアできれば、こだわりの大人女性を優良顧客として掴むことはそれほど難しくないだろう。

骨粗鬆症や膝痛、腰痛などの発症については、若い頃からの食生活やスポーツ経験、あるいは体型などが影響するため、50歳前後から症状が現れる人もいる。身体機能の変化が消費のきっかけになるという意味において、ターゲットは非常に広範囲にわたることになる。

50代と60代でのニーズの違い

50～60代の女性には、程度に差はあっても「疲れやすくなった」「体型が崩れてきた」など共通の悩みがある。ただ、50代と60代では悩みに多少の違いが見られることも理解しておきたい。

例えば、仕事を持っている女性の場合、50代はまだ現役で、外出や人と接する機会が多い。そのため見た目の変化に敏感で、35～49歳のＦ２層同様にスキンケアやダイエットなどへのニーズが強い。

一方、60代の女性はすでに仕事をリタイアしている人が多く、見た目の変化に多少柔軟になっている。その分、腰痛や膝の痛みなど健康上の悩みが増えてくる。

厚生労働省によれば、介護や支援が必要になる原因として「関節疾患等」及び「骨折・転倒」が多いという。関節の痛みを訴える60代の女性は、すでに要介護予備軍に差し掛かっている。本書が設定するこだわりの大人女性の中でも、60代と50代とではまったく違うニーズが発掘できる可能性があるわけだ。

他にも、美容や体型維持のための行動として、50代では「コラーゲンやコエンザイムQ10」など美容系サプリメントの購入が目立つ一方、60代では「ウォーキング」「水泳」「エアロビクス」など運動の割合が高くなる傾向がある。

50代女性は現役で仕事を続けていたり、子どもが手を離れていないケースもある。美容のためとはいえふんだんに時間を費やすことは難しい。その分、サプリメントなど手軽な解決策を求めるのだろう。

対して、リタイアして時間に余裕がある60代女性では、スポーツジムに通うなど時間をかける方法が選択できるようになる。そのため、60代女性には履き心地の良いウォーキングシューズや体型を隠せるスポーツウェアなど、50代にはあまり見られないニーズが出てくるのだ。

ただし、身体機能の変化は、ある一定の年齢を過ぎたら必ず起こると決めつけてはいけない。およそ50年前の60歳と、現在の60歳とでは、身体機能の状態はまったく別物だと言っても過言ではない。１９６０年の日本人男性の平均寿命は65・３歳、女性は70・２歳だった。２０１３年ではそれが、男性が80・21歳、女性86・61歳といずれも過去最高を更新している。

50年前の60歳は、平均寿命まで5～10年しか時間がなかったが、**今では「第二の人生」に費やせる時間が20年以上もあるのだ。**この20年にどう関わっていけるのか、シニア市場向けの通販ビジネスはそのニーズを徹底的に発掘するべきだ。

3. ライフイベントの影響をキャッチする

これまでになかった生活環境からのニーズ

2つめの「**本人のライフステージの変化**」も重要な視点だ。

現代人の平均寿命が延び続けていることで、仕事で定年を迎えたり子どもが手を離れてからの人生が20年以上あることが当たり前の時代となった。

このようなライフサイクルを経験する世代は、日本の歴史上これまでに例がない。つまり、そこから生まれる消費者のニーズも未知のものであり、その分、「こうであるべき」という決まりもないため、無限の可能性が秘められている。

このような点を意識しながらライフステージに注目すると、こだわりの大人女性の特徴がよりクリアに見えてくる。

ライフステージとは、就職、結婚、子どもの誕生、定年など人生における重要な出来事によって変化する生活段階のことだ。それまで何十年と続いてきたその人の役割が変化するため、意識や行動にも大きな影響を及ぼす。

男性の定年という典型例でいえば、職場での役割が終わり、代わって家庭内やご近所づきあいでの役割などが出てくる。特に「仕事人間」として人生の大半を職場で過ごしてきた人の場合、意識や行動を大きく変えることを余儀なくされるだろう。新しい役割に基づいた人間関係ができたり、行動範囲も変わる。そこには様々な不都合や問題が生じる。

女性の場合、定年に関して言うならば、本人が仕事を持っているか専業主婦かにかかわらず、**「自由」がキーワードとなる。**仕事をしていた女性なら、定年をきっかけに自由な時間ができるため、消費行動も外へと向かう。先に述べた、「解放段階」だ。専業主婦であった場合でも、夫の定年をきっかけに、主婦業から自由になって自分のために時間を使いたくなる傾向が強い。そこから生まれる消費行動は、おしゃれや美容、旅行などにつながっていくはずだ。

一方、3つめの「**家族のライフステージの変化**」は良いことばかりではない。大きな負担となるのが、親の介護だ。特に、女性にとっては自分の両親と夫の両親の、計4人の負担がのしかかる可能性もある。

子どもの進学や就職、結婚などは、良い影響を与える変化だ。子どもの結婚後は、「孫に関する消費」という行動も生まれてくる。少子化の昨今、子ども1人に4人の祖父母がつくため、消費される金額は高くなり、大きなマーケットとして期待が持てる。

こだわりの大人女性がまだ若く、自分の子育てをしていた頃は、自由になるお金は少なく、子どもを健康に育てること、新しい家族の生活を守ることで頭がいっぱいだったはずだ。しかし、孫に対しては、子育ての経験者として余裕をもって接することができ、また気楽に、ひたすら可愛がるだけでいい。そのため、自分の子どもに対してできなかったことを、孫に対してする「おばあちゃん」は少なくない。洋服に、玩具に、教育費にと、消費行動を起こす大人女性は多い。

シニア特有の変化を見極める

4つめの「**世代の嗜好性の変化**」は、団塊世代に特徴的に見られる。20歳前後の時代に、大きなインパクトを受けた世代体験があるためだ。

大きな影響を及ぼしたのが欧米の文化だ。青春時代にビートルズを聞き、ミニスカートやジーンズをはいた多感な時期に海外文化の洗礼を受け、その当時の高揚感を今も忘れていない。そのため、この世代は「新しもの好き」という傾向が強い。

かつての強烈な世代体験は、ノスタルジーにつながる。懐メロのＣＤや当時の名画ＤＶ

Dなどは、いまなお世代体験をくすぐる商品と言える。

5つめの「**時代性の変化**」は、流行の変化ともいえ、女性に顕著だ。中高年女性の間では、つい最近までは韓国が大ブームだった。ドラマや映画、俳優、料理に旅行先など、韓国一色だった。しかし、いつの間にか当時ほどの勢いはなくなっている。近頃では登山がブームで、カラフルなウェアに身を包んだ「山ガール」の中にたくさんの大人女性を見かけることが増えてきた。

また、おひとり様限定ツアーも彼女たちを中心に広がりつつあるブームだ。家事や育児から解放されて、あるいは両親や義両親の介護の息抜きとして、誰に気兼ねすることなく楽しめるひとり旅のツアーが人気を呼んでいるのだ。


以上、シニア特有の5つの変化から、こだわりの大人女性の消費行動を考えることは、単純に年齢のみから考えるよりもより深く彼女たちを理解することに役立つ。例えば定年というライフステージの変化は、豪華客船での世界一周旅行など、高額商品を購入するきっかけになる。加齢による身体の変化は、サプリメントや健康食品など、これまでとは異なる消費を生み出す。

ただし、これまでの人生や現在の状況により異なる面もあることは忘れてはならない。例えば、ライフイベントのひとつに引っ越しがある。リタイア後、都会からのんびりとした田舎へ、あるいは郊外の一軒家を売って利便性の高い都心のマンションに引っ越しをするケースなどだ。実際には親の介護の有無や、子どもが就職して自立しているか、退職金の額、そして夫婦関係が円満であるかなど、様々な要因によってどんな引っ越しを行うかは異なってくる。

シニアの消費は年齢で決まるのではなく、特有の変化で決まる。さらに、それぞれの状況に応じてニーズも変わる。こだわりの大人女性を攻略するにも、消費の裏側にある変化とニーズを見極めることが欠かせない。

4．無限ではないお金を何に使うか

シニアはお金持ち？

総務省統計局の「家計調査報告」（平成25年）によれば、1世帯当たり正味金融資産（貯蓄から負債を引いたもの）の平均値は、70歳以上が2292万円と最も多い。

図表2　世帯主の年齢階級別持ち家率

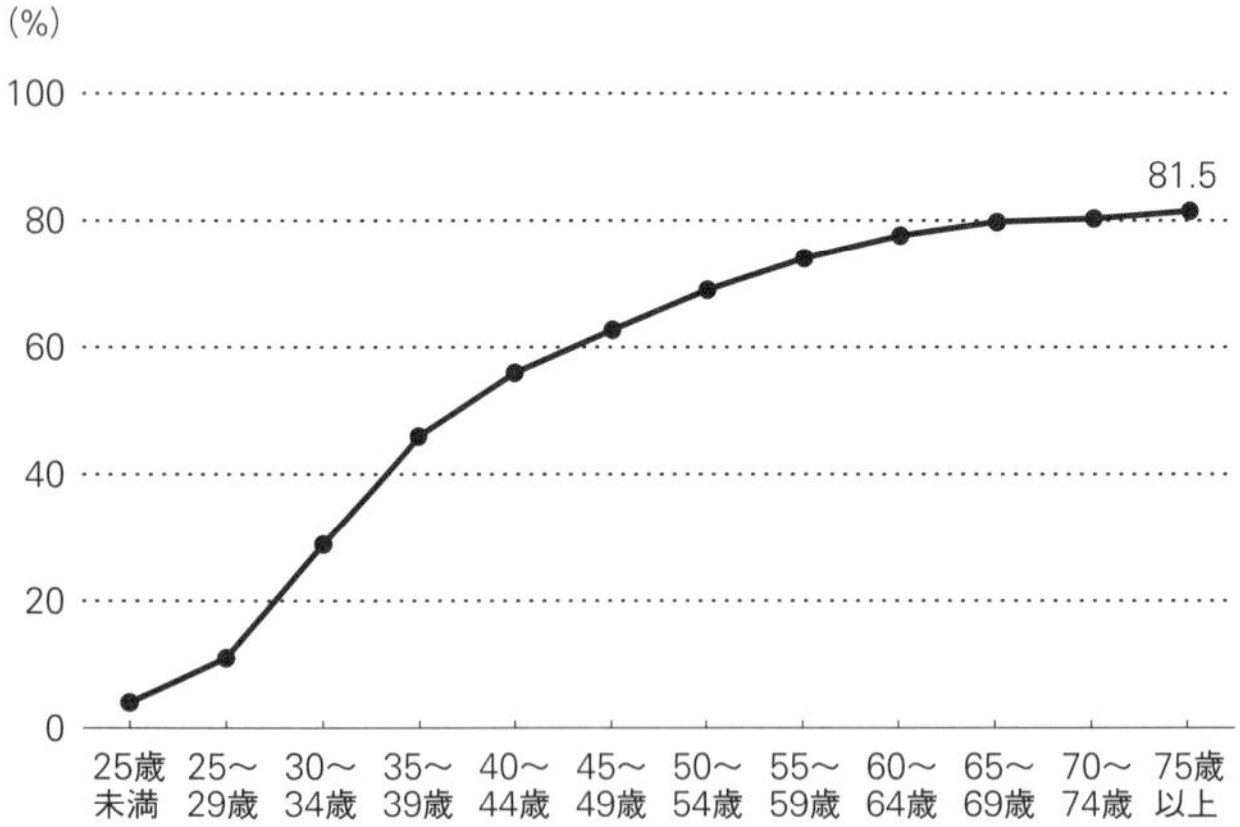

※出典:国土交通省「住宅・土地統計調査」(平成25年)

次いで、60～69歳が2181万円、3番目が50～59歳で998万円となり、30代や30歳未満はマイナスだ。

また、年代別の持家率を見ると、50代で70％超、60代、70代ともに、80％前後の持家率となっている。**50～60代のいわゆるシニア層の多くは、他の年齢層に比べて平均的には資産持ちと言える**（図表2）。

一方、厚生労働省の「国民生活基礎調査」（平成25年）によれば、世帯主の年齢階級別の「年間所得」は、50～59歳で720・4万円と最も多い。2番目が40～49歳で648・9万円、3番目が30～39歳で545・1万円、4番目が60～69歳で526・2万円、5番目が70歳以上で406・3万円となっている（図表3）。

図表3　世帯主の年齢階級別年間所得

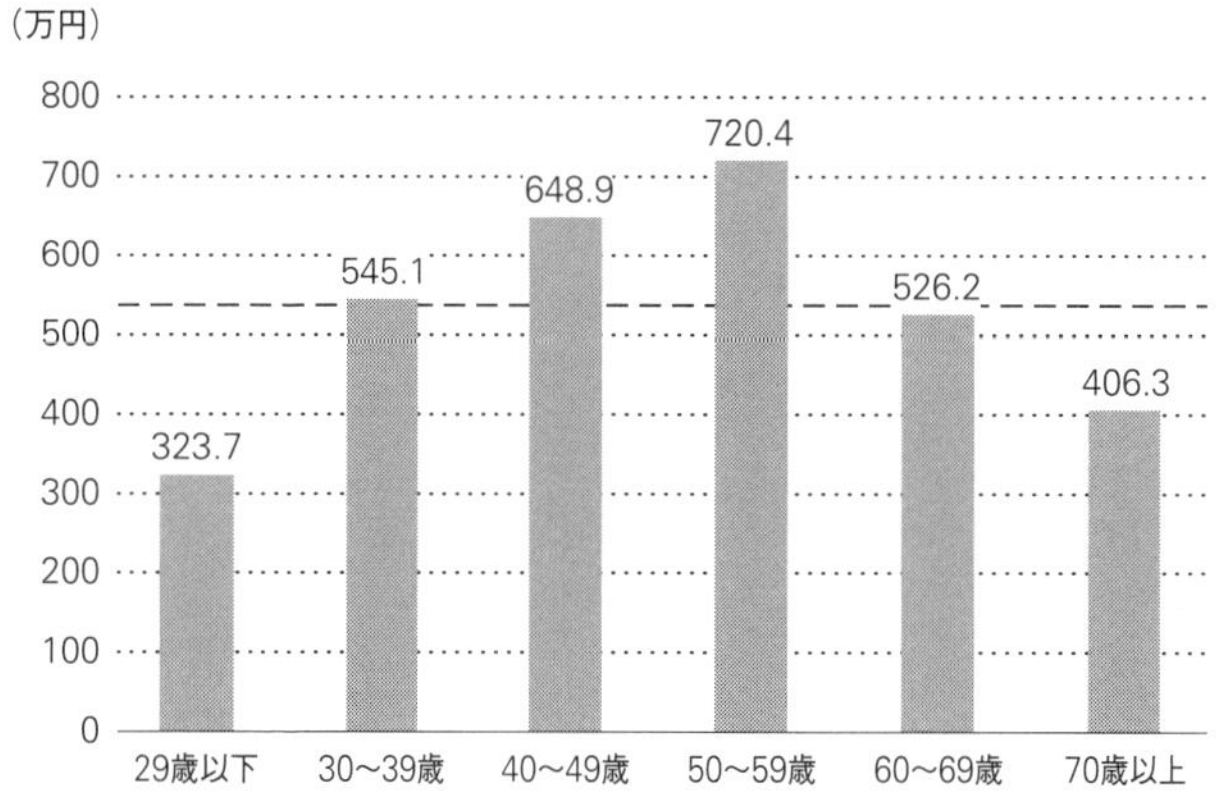

※出典:厚生労働省「国民生活基礎調査」（平成25年）

資産持ちであるシニア層だが、所得では50〜59歳がトップ、60〜69歳は4番目で、「シニアは金持ち」とひとくくりにはできないことが分かる。この主な理由は、定年退職や年金受給にある。

一方、前出の「家計調査報告」（平成25年）によると、世帯主の年齢階級別の1カ月の平均消費支出額は、50代が30万6116円と最も多く、次いで40代、60代の順になる。

「消費支出」は「年間所得」の傾向にほぼ比例するのだ。**資産が多いからと言って、それがすべて日常の消費に回っているわけではない。**

また、消費支出額の内訳は、年齢が上がると減少する品目もあれば増加するもの、変わらないものなど様々だ。60代以降、大きく減るのは教育費であり、逆に増えるのは保険医療費や交際費などだ。

これらのデータからは、シニアの捉え方として、「資産持ちなので消費も多い」と考えるのは誤りだということが分かる。「**消費は、資産ではなく所得に比例する**」と考えるべきだ。さらに、シニアだからといって消費の仕方が同じとは限らず、年齢が変われば消費の仕方も変わってくる点には注意が必要だ。

安心や安全へのニーズ

それでは、限りあるお金をシニアは何に使うのか。

考えなければならないのは、商品のカテゴリだけでなく、それらがどのような特徴を持つかということである。つまり、シニアがどのような理由で購買意欲を刺激されるのか、ということだ。

例えば、どんなにアクティブなシニアであっても、年齢とともに何らかの不安を抱いている。身体の老化など顕在的なものだけでなく、将来への不安など潜在的なものもある。それらをカバーするため、安心志向は次第に強くなっていく。

健康に対する興味が強いのも、シニアの特徴だ。食生活や運動などを通じて、健康をできる限り長く維持したいという思いが強い。いつまでも元気で健康で、ある程度の年齢になったら病気などせずに逝くという「ピンピンコロリ」はシニアの憧れだ。そのため、健康維持に大きく関わる食の分野では、自然食品や無農薬野菜、有機農法食品へのこだわりを持つ人が多い。

シニアは**環境への関心**も非常に高い。資源のリサイクルや分別回収を通じて、環境に優しい商品を購入する傾向が強く見られる。アパレルの分野においては、こだわりの大人女性を中心に、自然に優しい素材であるオーガニックコットンやシルクなどの天然素材を使った商品が好まれる。

『ブリアージュ』のグループインタビューでは、「デザインより素材重視」「素材に触れてから選びたい」「百貨店より安い通販の洋服は、素材の面で〝安かろう悪かろう〟なのでは」という意見が聞かれた。

ファッションには華やかさや美しさ、若々しさを求めるのと同時に、敏感肌やアレルギーに配慮し、地球にも優しい素材を使った洋服を求める。こうしたこだわりの大人女性の我儘なニーズをくみ取り、商品開発からプロモーションまで、一貫させることがポイントとなる。

アクティブな行動をバックアップする商品

生活習慣病予防のために、いろいろな運動で汗を流すシニアは多い。ウォーキング、水泳、散歩、ゴルフ、エアロビクスなどは、年齢に応じて自分のペースで行えるため、特に人気だ。

これらの運動をするための、疲れにくいウォーキングシューズや飛距離のでる軽いゴルフクラブなどが市場に出回っている。ファッションのカテゴリでも、軽くて動きやすい、着心地のいいカジュアルウェアや、スポーツウェアのニーズが高まっている。

また、これまで経験してこなかった、**未知の体験**を求めるのは、特に好奇心旺盛なこだわりの大人女性の特徴と言える。

中でも、**旅行に関する関心**は高く、世界遺産を訪ねたり美術館を巡るなど知的好奇心を満たすカルチャー的要素の高い旅、豪華な客船や寝台列車での旅など本物志向を追求したこだわりのある旅行企画が人気を博している。定年後は家庭でゆっくり過ごしたい夫を残して、気の合う友人同士で積極的に旅行に出かけるこだわりの大人女性は非常に多い。

百貨店や専門店では、こうした旅行のための商品が求められる。「旅行へ行くための服」なら、普段着よりもやや華やかで、かつシワになりにくく、軽くて動きやすいなどの要素が購買意欲を刺激する。これらを適切に提供、あるいはコーディネートできる提案力が、通販においても鍵を握る。

独自の価値観を持つ一方で、**若い頃へのあこがれ**を強く持っているのも、ノスタルジックを愛するシニアの特徴だ。アパレルの分野では、若い頃に流行した服をもう一度着てみたいという潜在的なニーズがある。

しかし、当時と全く同じ復古版を販売しても人気を得るのは難しい。シニアが着ても好感が持てるような色遣いや肌触りの良さなどプラスアルファの機能を持たせることが重要だ。「人と同じものは着たくない」「自分らしいファッションを楽しみたい」という一方、「余裕のある大人の女性に見られたい」「いまさら安っぽいものは着られない」というのがこだわりの大人女性の本音だ。

これらのニーズを満たし、かつ年齢特有の悩みが表れた体型の変化を意識しなければ、注目すらしてもらえないだろう。

5. インターネットを活用した消費

ネットを使いこなすシニアが増加

総務省の「通信利用動向調査」では、ネット利用率が年齢を問わず急増していることが明らかになっている。

2004〜13年の10年間で、60〜64歳が49・0%から76・6%に、65〜69歳が27・3%から68・9%に急上昇している。70〜79歳でも2013年には48・9%となり、ほぼ半数がネットを利用している。

以上の調査から、「シニアはネットを使わない」と考えるのは誤りであることが分かるだろう。現時点でネットリテラシーの高い40代は、当然のことながら20年以内に「アラカン」となる。それまでネットを駆使していた人たちが、60歳になったからと言ってこの便利なツールを手放すはずがない。**あと10年もすれば、インターネットを利用して買い物をするシニアが珍しくなくなる時代**がやってくるはずだ。

図表4　世代別インターネット利用率の推移

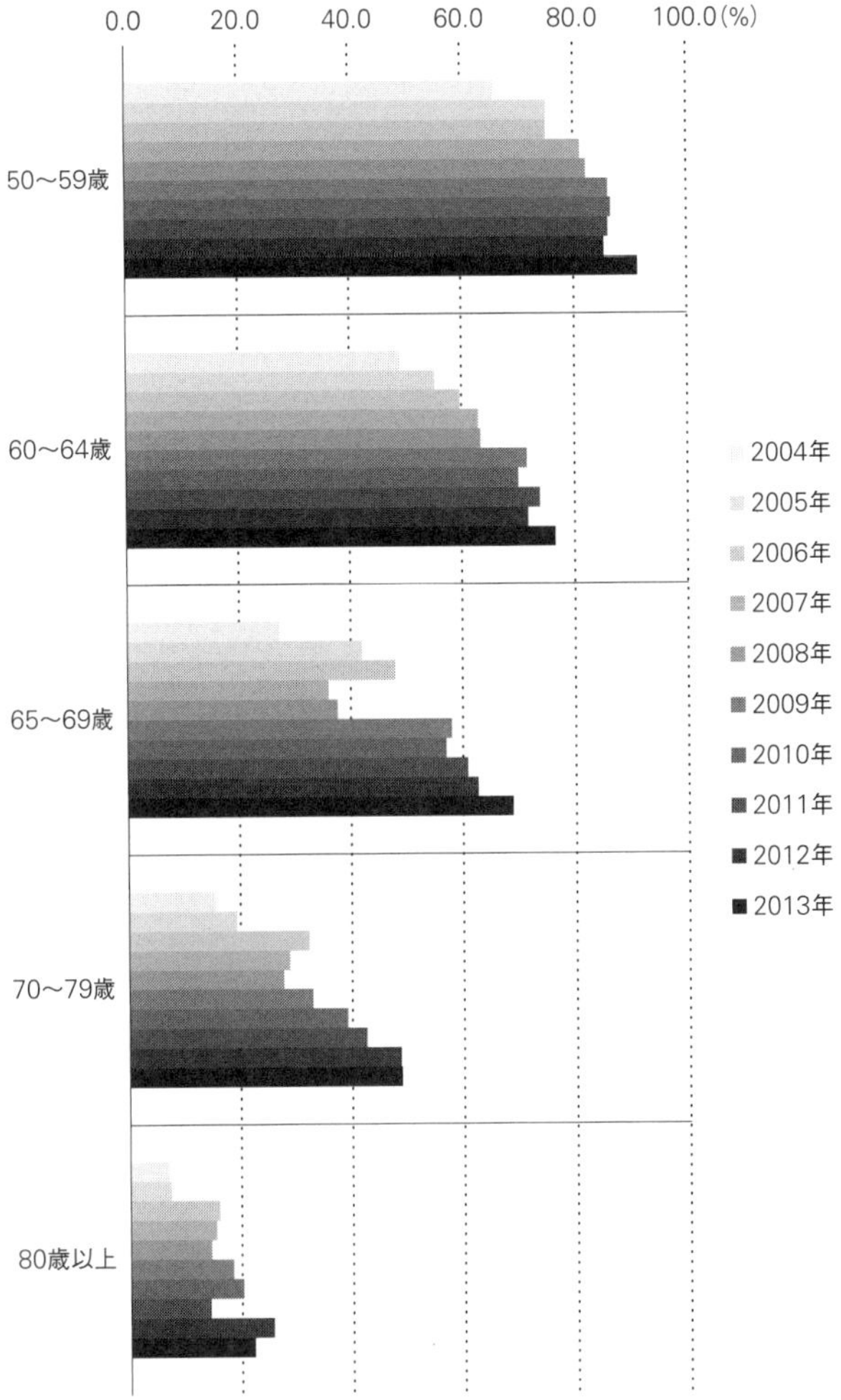

※出典：総務省「通信利用動向調査」

こうした状況に合わせて、ネットを前提とした商品のラインナップやプロモーションの進め方、コミュニケーションの取り方などを検討することは、必須である。

さらに、**タブレットの普及がシニアのネット環境を大きく変えることが予測できる。**総務省がタブレット端末による統合的なサービス、機能に対するニーズや利用意向について高齢者限定で行った「スマートフォン及びタブレットPCの利用に関する実態及び意向に関する調査研究」からは、タブレットの持つ可能性が見えてくる。

タブレット端末にいくつかのサービスが提供された場合の利用意向を質問したところ、すべての項目において利用意向があるとの回答が50％を超えた。とくに、「災害時の自動対応」や「血圧・歩数などの健康管理」というサービスについては、無料ではなくある程度の金額を払ってでも利用したいという人が少なくなかった。

タブレットは、スマホや携帯電話より画面が大きく、その分、字も大きく見やすい。また、指で触れるだけで大抵の操作が可能である点は、パソコンに不慣れなシニアでも手に取りやすい要素となる。

携帯電話のようにすぐに使えて、面倒な設定が不要であることや、ウイルスの心配が少ないこと、パソコンのようにフリーズなどを起こさず動作が安定していることなども、タブレット端末が使いやすい理由である。

図表5　タブレット端末で統合的に提供されるサービスの利用意向

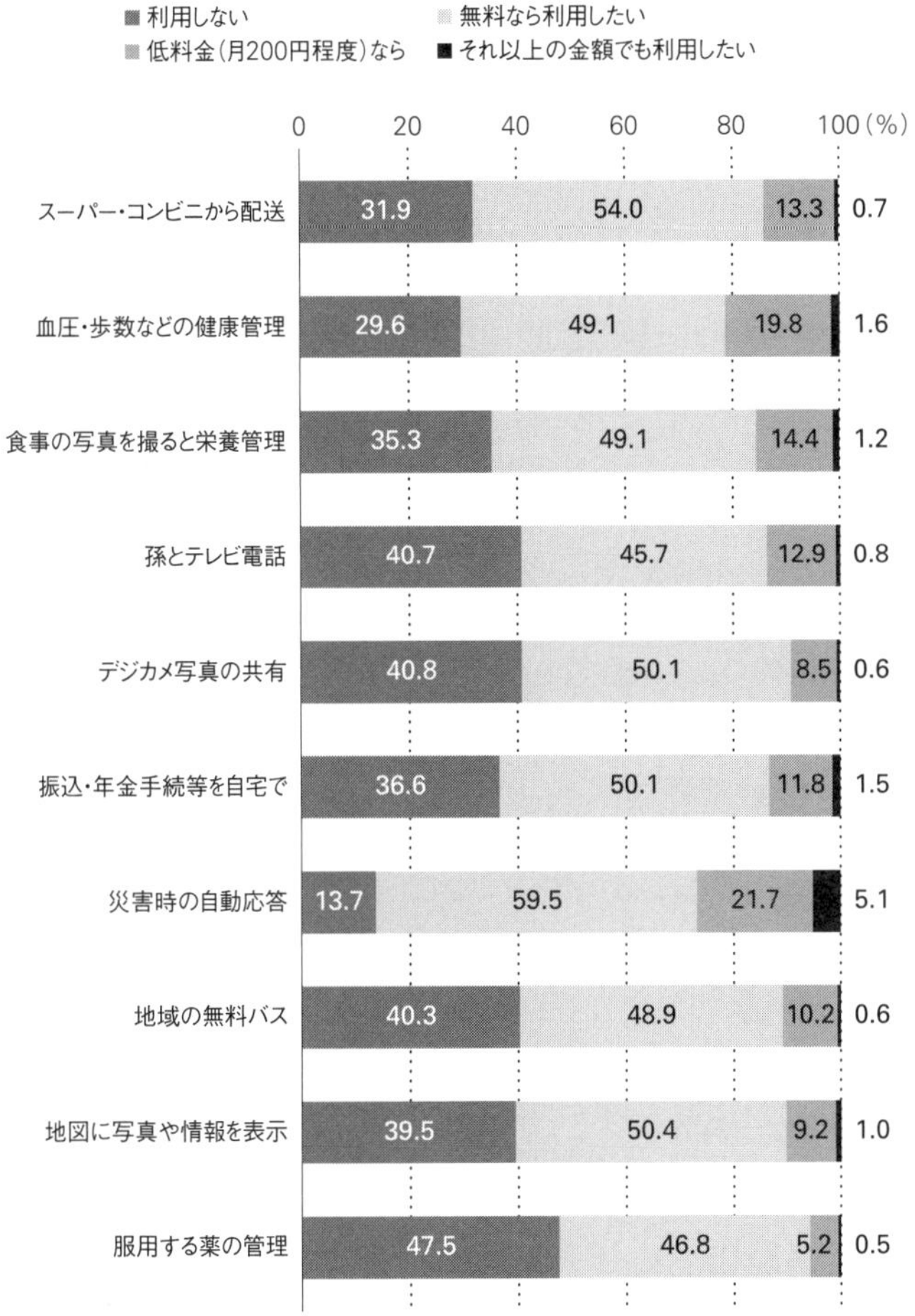

※出典：総務省「スマートフォン及びタブレットPCの利用に関する実態及び意向に関する調査研究」(平成24年)

図表6　タブレット端末の統合的な機能の有用さ

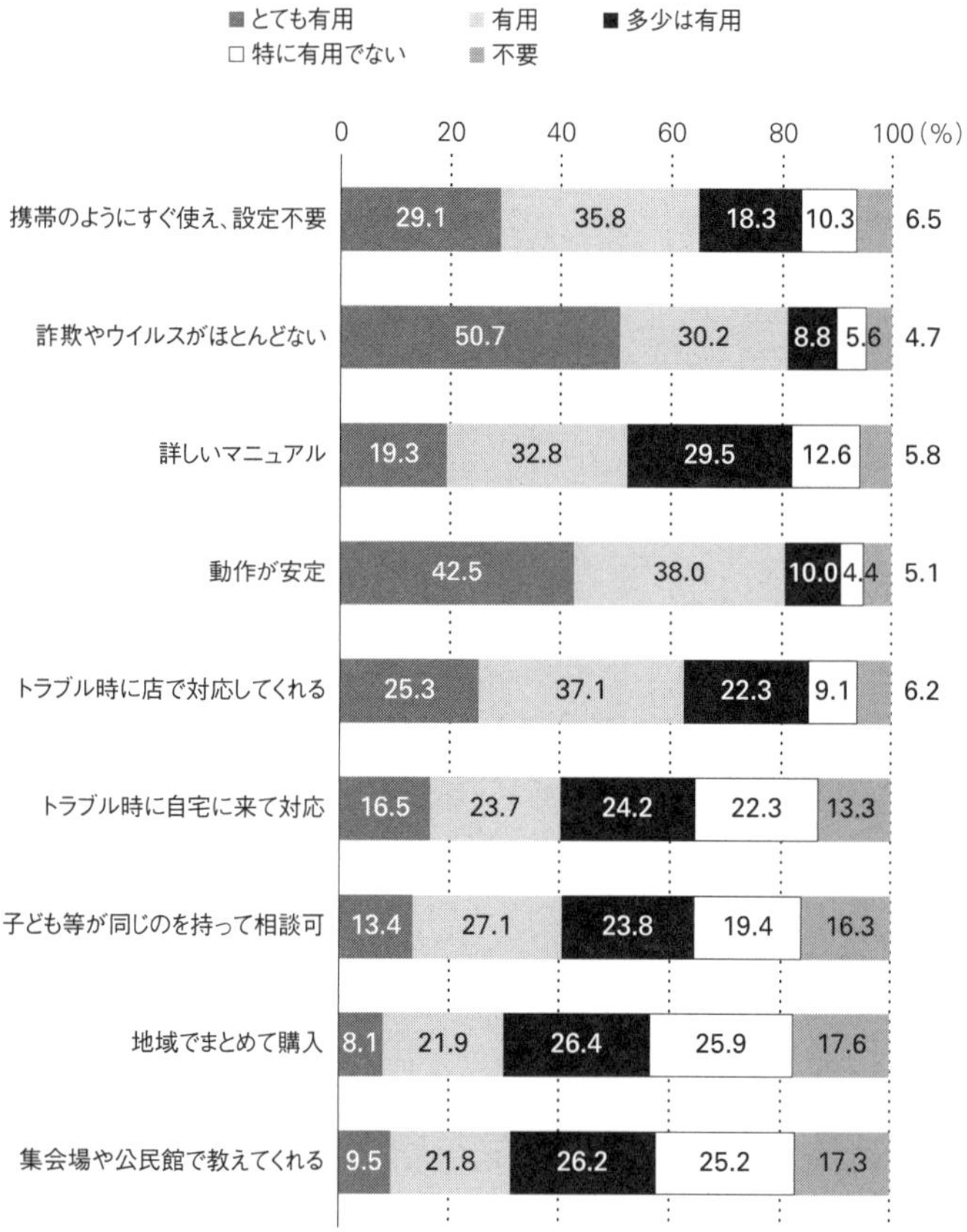

※出典：総務省「スマートフォン及びタブレットPCの利用に関する実態及び意向に関する調査研究」（平成24年）

今後、パソコンに縁のなかった人でも、タブレット利用者になる可能性が高まる。携帯電話は持っていてもパソコンはあまり使わないといったこだわりの大人女性は、その対象となりやすいのではないだろうか。

ＩＴ分野の調査を行うアメリカのガートナー社によれば、２０１４年のＩＴ機器の出荷台数は従来型パソコン（デスクトップ、ノートパソコン）で前年比６・６％減、一方でタブレットは前年比38・６％増で２億７０７０万台になると予測されている。日本でも、タブレットを駆使するシニアが急増する状況は十分に考えられる。

こだわりの大人女性に向けたネット通販へ

インターネットは、通信販売における申し込み手段や利用広告媒体として、すでに存在感が高まっている。

公益社団法人日本通信販売協会の調べによると、２０１３年の1年間で通信販売を利用した人の**申し込み手段として、50～59歳の女性では「パソコンによるインターネット」が57・4％で最も多い。**「携帯電話」も11・３％が利用したと答えている。60～69歳では「固定電話」が68・５％と最も多かったが、「パソコンによるインターネット」も「郵便」の

36・9%に次ぐ33・1%、「携帯電話」も10・0%で、ネットの利用が決して少なくない。

また、同じ調査では、2013年の1年間で通信販売を利用した人のうち利用した**広告媒体として、50～59歳の女性で「パソコンによるインターネット」がトップで57・7%**。60～69歳では「ダイレクトメール・郵便」の37・7%、「新聞広告」の36・9%に次いで、「パソコンによるインターネット」が3位につけており、その割合も36・2%と大差はなくなっている。

通信販売で**今後利用したい広告媒体についても、50～59歳の女性では、「パソコンによるインターネット」が56・6%。「国内カタログ」の56・6%と並んでトップになっている。**60～69歳では、「ダイレクトメール・郵便」が41・5%と最も多いが、「パソコンによるインターネット」も30・9%と「新聞広告」の34・0%と大きな差はなくなっている。

さらに、インターネットの利用頻度別の通信販売申し込み手段を見てみると、通常は「パソコンでのネットをあまり利用しない」という人でも、64・4%が通信販売の申し込みにはネットを利用している。また、「携帯電話・スマホでネットをあまり利用しない」という人でも、56・1%が通信販売の申し込みにはネットを利用している。

シニア世代においてもすでに、通信販売においてインターネットは欠かせないものになっているのだ。

図表7　40代以上女性の年齢別通信販売の申し込み手段

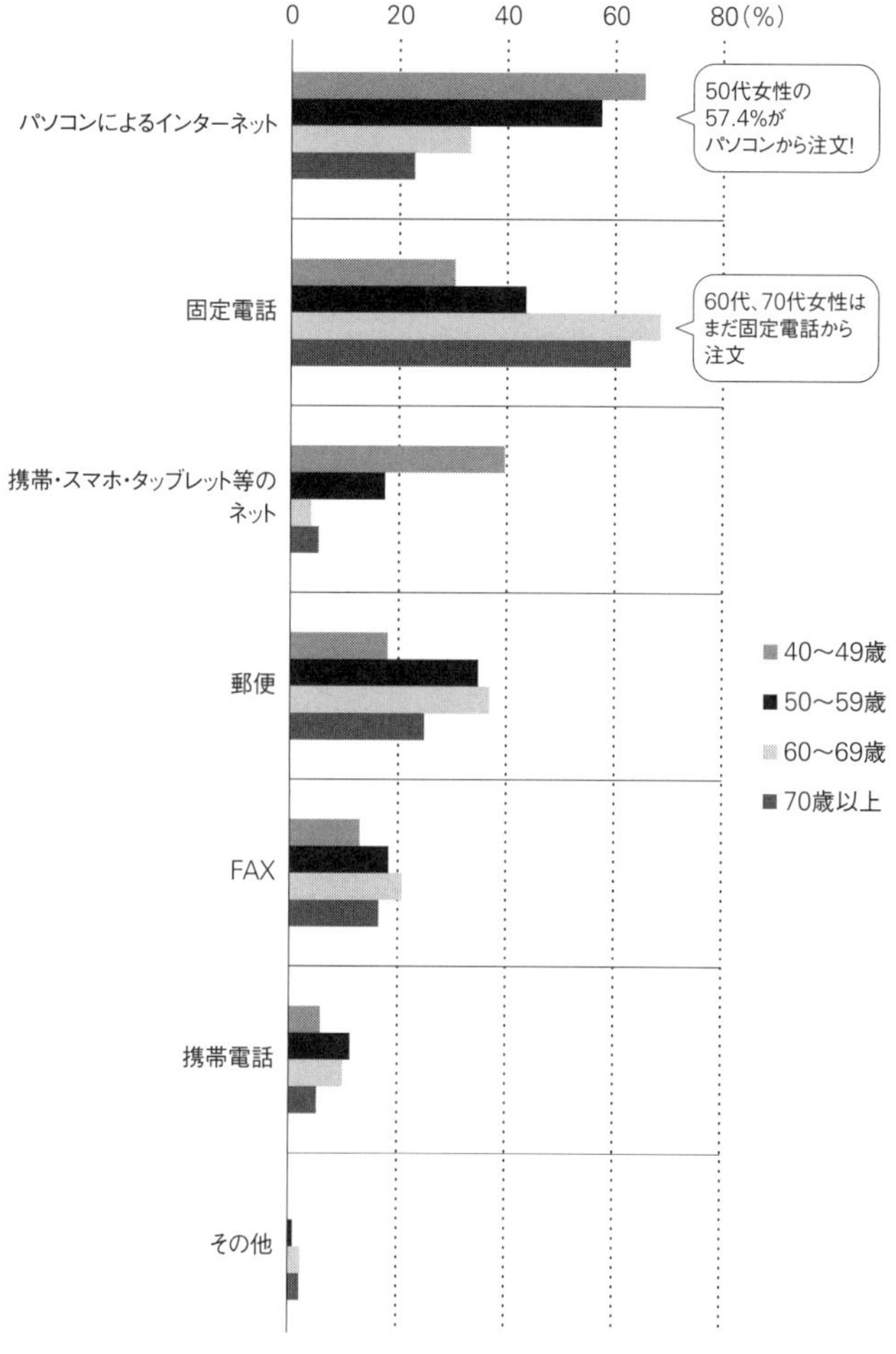

※出典：公益社団法人日本通信販売協会
「第21回全国通信販売利用実態調査報告書」(平成26年)

図表8　40代以上女性の通信販売での利用広告媒体

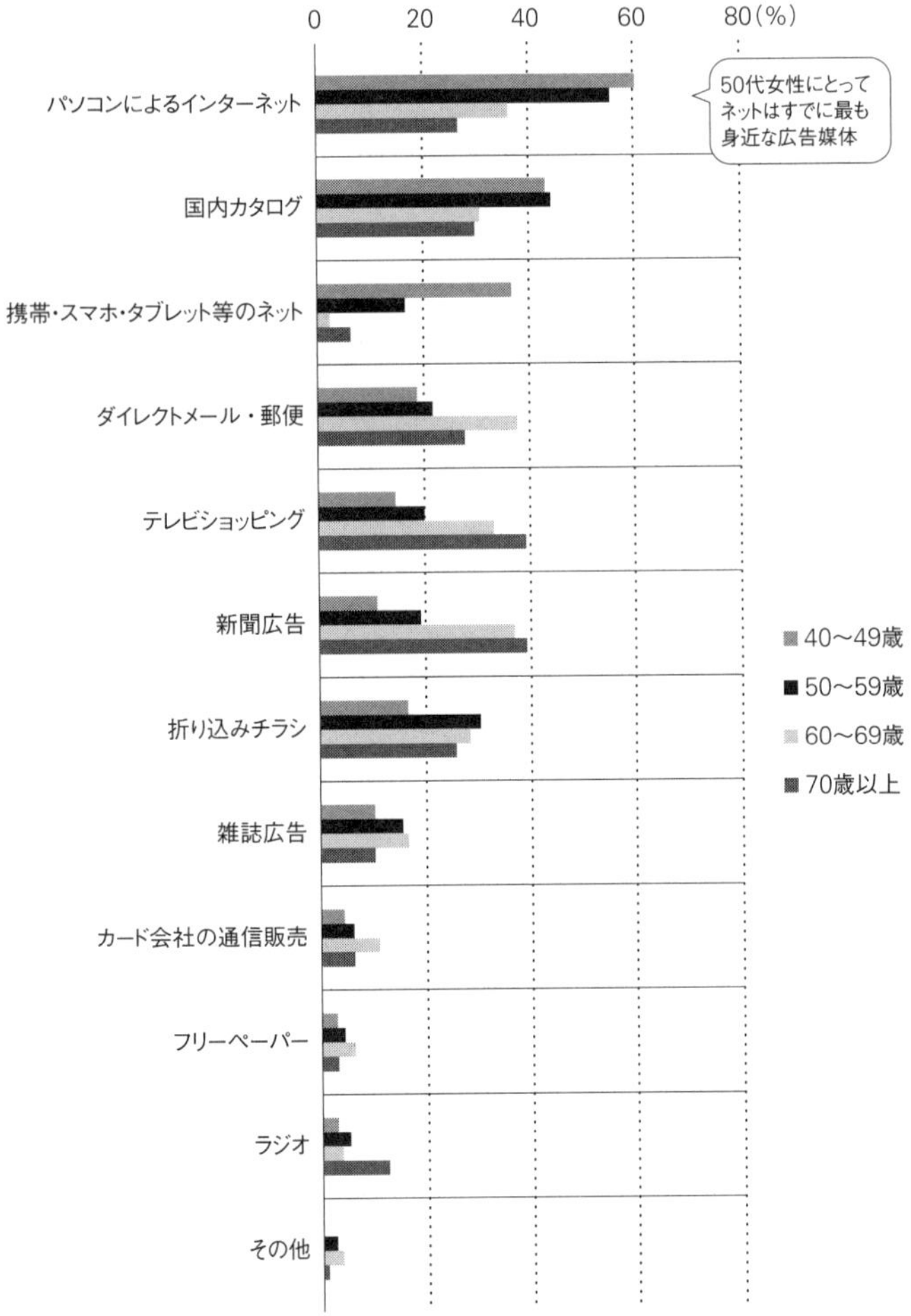

※出典：公益社団法人日本通信販売協会
「第21回全国通信販売利用実態調査報告書」(平成26年)

図表9　40代以上女性が今後利用したい通信販売の広告媒体

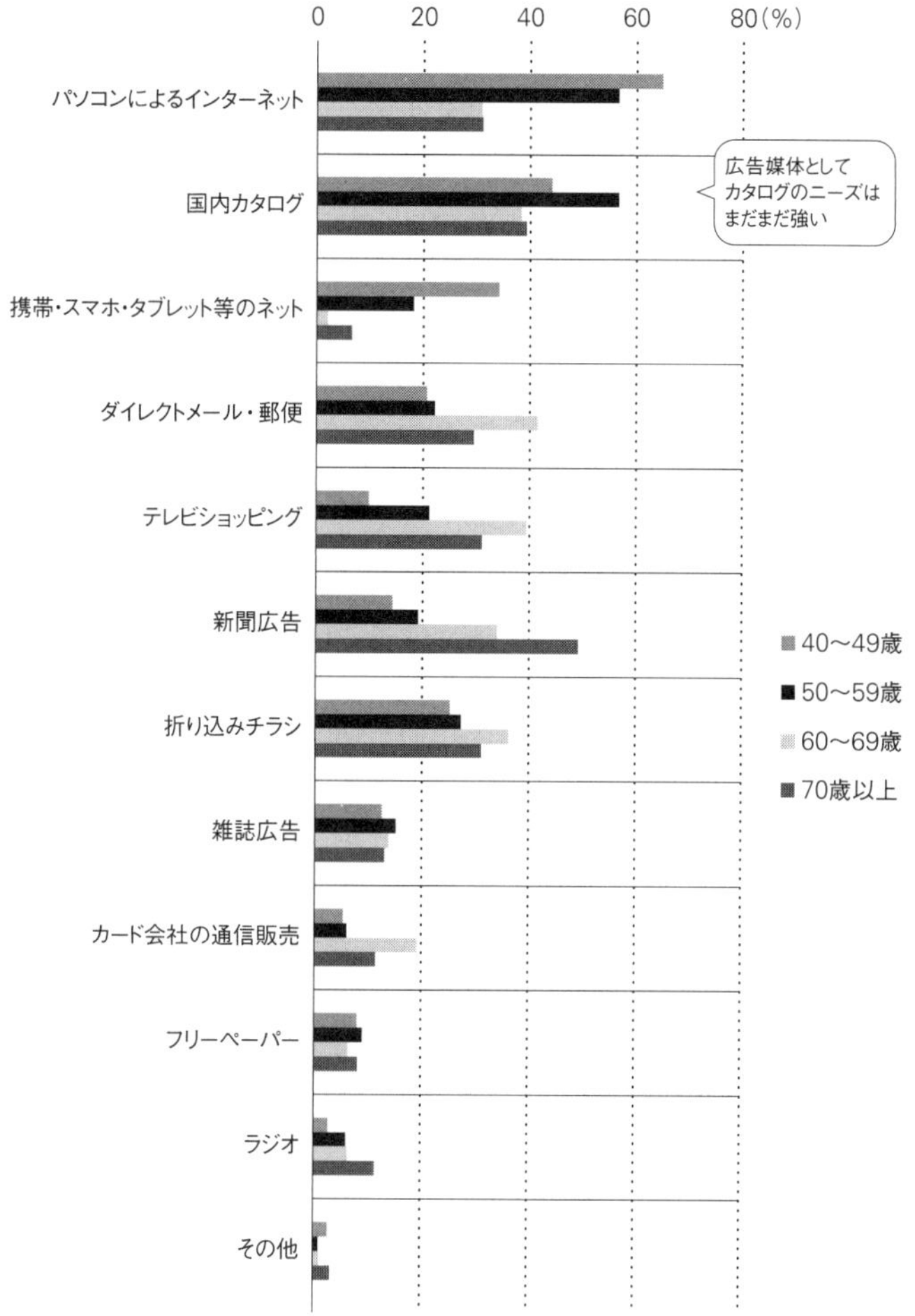

※出典：公益社団法人日本通信販売協会
「第21回全国通信販売利用実態調査報告書」(平成26年)

押しつけではないネット活用が重要

シニア通販を普及させるにあたって、気をつけなくてはいけないことは何だろうか。

まず大事なのは、「押しつけない」ということだ。これまでも、「シニア向け」と謳った多くの商品やサービスが誕生してきたが、その多くが失敗に終わっている。これは、シニアの購買意欲を刺激する商品開発ができなかったほか、「シニア向け」という押しつけがあったことも大きな原因だろう。

「シニアだからこれはできないはず」「シニアだからこれが好きだろう」という思い込みでシニアビジネスに取り組むのが、最も危険な姿勢だ。とくに、「宣伝文句を鵜呑みにせず疑ってかかる」という特徴を持つ熟練した消費者であるこだわりの大人女性は、「シニアにはこれ」と押し付けるやり方にもっとも反発する。

ネットに関しても、押しつけではなく共感が大切だ。「シニア向けなので使いやすくしました」「シニアに分かりにくい機能は削除しました」などの思考は、押しつけに他ならない。「便利」「手軽」「早い」など、ネットのスタンダードな利点を、ごくフラットに訴求するのがよいだろう。

こだわりの大人女性の共感を獲得するために

その一方で、説明書に書いてあることや、少し調べれば分かることでも、実際に人と話したうえで疑問を解消したいと考えるシニアは多い。そして、この傾向は女性で特に強い。男性と比較して女性は、若い頃から友だち同士のおしゃべりや井戸端会議の体験を多く積んでいる。何気ないコミュニケーションの中から情報を引き出したり、問題を解決することを好むのはそのためだ。

こだわりの大人女性に焦点を絞った通販ビジネスにおいては、彼女たちと同世代のスタッフがいるコールセンターを設置し、単なる売込みではなくコミュニケーションの場として活用できる機能を持たせることは有効だろう。

『ブリアージュ』のグループインタビューでは、「コールセンターが親切だとまた買いたい」というはっきりとした声が上がっている。こだわりの大人女性は、人とのつながりを大切にする傾向や義理堅さが見られる。逆に、コールセンターの対応が悪ければ、「二度と買いたくない」と一刀両断だ。こうなると、商品がどんなに高品質でも話は終わり、ブランドに対する信頼は吹き飛んでしまうので要注意だ。

通信販売にはいろいろな形態があるが、**ネットリテラシーの高い女性でも、紙のカタロ**

グを好む傾向がある。パラパラとカタログをめくり、ページを行きつ戻りつしながら商品を眺めるのが好きな女性は多い。ネットのサイトにどれだけ見やすい工夫を凝らしても、この点ではカタログに対して勝ち目はないかも知れない。そのため、**カタログとネット、両方を準備しておくことも大切だ。**

テレビもまた、シニアへの情報提供の場として恰好の媒体だ。総務省の「情報通信メディアの利用時間と情報行動に関する調査」(平成25年)によると、60代は平日に257分、休日に305・7分もテレビをリアルタイムで視聴している。テレビ通販という形態は、こだわりの大人女性を掴むために欠かせない。ただし、今後は一方通行の情報提供だけでなく、テレビとネットを融合した仕組みを考えていく必要もあるだろう。

ネットでは、購入者の好みを自動的にお薦めする「レコメンド機能」が、場合によっては押しつけがましいと感じさせる恐れがある。しかし、何を買おうか迷っている時には、逆に助かる機能でもある。ネット通販では、このようなシステムを、こだわりの大人女性に対していかに押しつけと感じさせずに提供できるかが鍵となるだろう。

いずれにせよ、こだわりの大人女性に対するネット通販はこれからが本番だ。消費意欲旺盛な買い手である彼女たちに注目し、その身体や心の変化を感じ取り、ニーズを先取りすることができれば、大きなチャンスを掴むことができるはずだ。

第1章のまとめ

□シニア通販を牽引するのは50～60代の女性

□「こだわりの大人女性」に子供だましの宣伝は通用しない

□年齢による身体の変化を分析して購買意欲を刺激する

□ライフイベントを考慮すれば新しいニーズが見えてくる

□「シニア=金持ち」ではない

□押しつけではないネットの活用が必要

第2章

「こだわりの大人女性」の心をつかむ商品開発

1.「おしゃれ」「美容」「健康」の3つがキーワード

F1層の女性とは異なる購買傾向

本章では、「こだわりの大人女性」の購買傾向を踏まえて、彼女たちをターゲットにした通販での商品開発をどのように行えばよいのかを考えてみたい。

公益社団法人日本通信販売協会の調べによると、2013年の1年間に購入された商品全体において、婦人衣料品が35・1％ともっとも多く、次いで化粧品、靴・鞄、食料品、健康食品となっている。

性・年齢別に見ても当然、50～59歳の女性が通信販売でもっとも多く購入したのは婦人衣料品で47・8％、次いで化粧品が39・1％、健康食品が26・1％、下着が26・1％、美容・健康・医療器具が24・3％となっている。

60～69歳の女性でも、婦人衣料品が42・3％とトップで、以下、化粧品が38・5％、健康食品が36・2％など傾向は似通っている。

図表10　40代以上女性の通信販売での主要購入商品

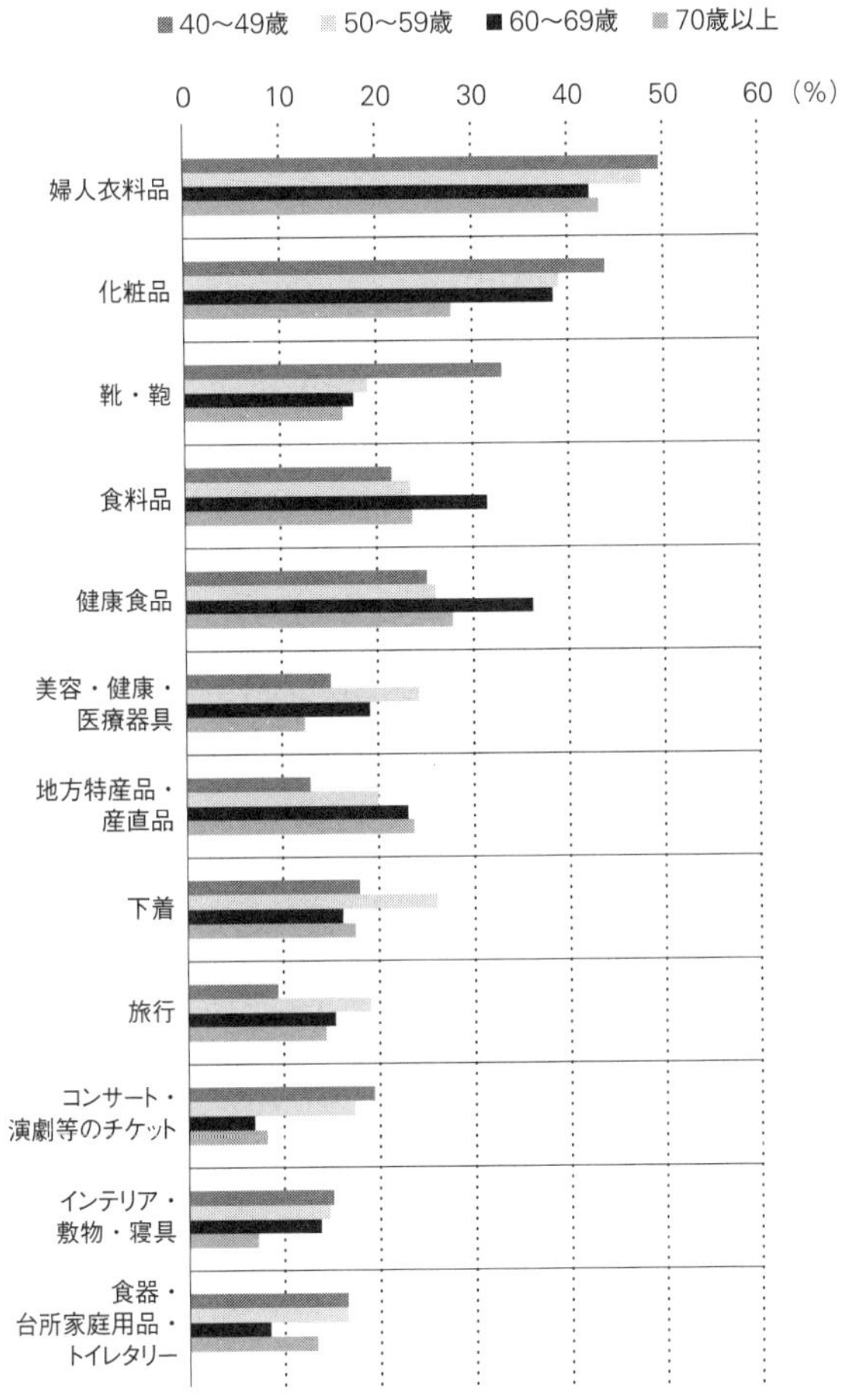

※出典：公益社団法人日本通信販売協会
「第21回全国通信販売利用実態調査報告書」(平成26年)

こだわりの大人女性をターゲットとした通販の商品開発には、**「おしゃれ」「美容」「健康」という3つのキーワードが欠かせない**ものであることが分かる。

化粧品は基礎化粧品とメイク用化粧品に分けられるが、とくに基礎化粧品の場合、こだわりの大人女性向け商品はF1層など若い世代が使う商品とは機能も価格も大きく違う。

若い世代の場合、肌のトラブルや悩みは少なく、かつ収入もさほど多くはないことから、高級ブランドを購入する割合は低い。また、CMの影響を受けやすく、使用する化粧品は流行によって短期間で変わることも多い。リピーターの育成は難しいと言える。

しかし、ある程度の年齢になると肌の悩みが多くなり、その解消に役立つ化粧品を選ぶ傾向が強まる。そして、一度自分の肌に合うと感じたら、簡単には別のブランドへ移らず、価格が高くてもリピーターとして定着しやすい。

つまり、女性が使う化粧品は、若年層とシニア層では大きく異なり、年代が上がれば上がるほどブランドチェンジしにくい。こだわりの大人女性にとって、自分のニーズを満たす商品であれば、あまり価格は問題にはならないのだ。

「いつまでもきれいでいたい」という欲求を満たす

肝に銘じておくべきなのは、**女性はいくつになっても「もっときれいになりたい」「若々しくありたい」というパッションを持ち続けている**ということである。その思いは年代が高い女性ほど強い。

こうしたパッションを刺激するという意味では、健康食品も女性に訴求しやすい商品だ。ローヤルゼリーやコラーゲン、グルコサミンなど、女性ならではの体の悩みを軽くする効果が期待できる商品は、リピーターを掴みやすい。

ただし、若年層とは異なり、「流行っている」「みんなが使っている」という理由だけでは、彼女たちの購買意欲は刺激されない。「なぜこれを選ぶのか」「選んだ結果どうなるのか」という、明確な動機づけや納得感を打ち出す工夫がいる。

美容・健康・医療器具のカテゴリは、年齢に応じた訴求ポイントを考慮することが不可欠なのだ。例えば、室内で運動ができるウォーキングマシーンなどがこのカテゴリに分類されるが、F1層に訴求する場合は「ダイエット」を謳うことがもっとも効果的だろう。

しかし、こだわりの大人女性の場合、痩せたいというニーズはあるものの、激しい運動をしてまでどうしても痩せたいというモチベーションをF1層同様に保ち続けているかは、疑問が残るところだ。

むしろ、同じウォーキングマシーンでも、「健康維持」を謳うほうがこだわりの大人女性からの注目度は高まるのではないか。「足腰を弱めないために」「若々しい体づくりのために」など、F1層とは異なる視点から購買意欲を刺激することができるはずだ。

現在、F1層向けの美容機器や健康器具を扱っている企業は、こだわりの大人女性の購買意欲を刺激するポイントを知ることで、マイナーチェンジを行うだけで新しい市場を開拓できるかもしれない。

いずれにせよ、「いつまでもきれいでいたい」という女性の欲求を満たす商品を開発することが重要だ。

健康維持の効果を打ち出して若々しい美しさを保つための商品、肌や髪などの悩みに働きかけて見た目をきれいにする商品、そして着飾る、つまりファッションできれいになる商品などが考えられる。

2. 楽しい第二の人生をサポートする商品開発

上質感や納得感がある商品

こだわりの大人女性向けの商品開発では、コンセプトやスペックを明確にして、納得感を引き出すことが重要である。

化粧品であれば、「肌がきれいになる」といったぼんやりとしたコンセプトを持つ商品では、彼女たちの心は掴めない。医薬品のように効能効果をはっきりと打ち出すことは不可能でも、「シミとシワを改善したいあなたへ」「お肌の5歳若返りを目指して」など**何のために使うのかを明らかにできる商品開発**が不可欠だ。

さらに、**時間や手間のかかった商品**であることも重要だ。健康食品の場合、ローヤルゼリーやグルコサミン、アントシアニンなど、すでに競合他社が存在する商品が多い。しかし、「他社より手間がかかっている」「時間をかけて作っている」あるいは「含有成分が他社より濃い」などの上質感を打ち出すことで、新規参入は可能であろう。

化粧品や健康食品は、**使用した際のイメージを明確にする**ことも、購買意欲を刺激するポイントとなる。例えば、ターゲットと同年代の女優をキャラクターに据えたり、美しく、若々しくなった体験者を起用した広告を打ち出すのだ。

光文社という出版社には、年代に沿った女性向けファッション雑誌があり、20代向けの『JJ』（1975年）、30代向けの『VERY』（1995年）、40代向けの『STORY』（2002年）、50代向けの『HERS』（2008年）を順次、創刊してきた。

そのモデルとして起用された黒田知永子さんは、まさにこだわりの大人女性のアイコン的存在だ。黒田さんは、短大在学中に『JJ』のモデルとなり、引退して結婚後、30代で復帰して『VERY』のモデルになり、そして40代で『STORY』の表紙を飾った。読者は、彼女を通じてこうありたいという自分を見る。「これを使うとこうなれるかもしれない」という具体的なイメージを見せるのだ。

なお、上質感や納得感の関連で考える必要があるのが、価格帯の想定だ。

シニアはF1層と比較して人生経験を積んでいる分、役に立たない商品にお金を使わない。一方で、良いと納得したものにはお金を惜しまない傾向を持つ。

そして、若い世代であれば安ければ安いほど喜んで購入するところ、こだわりの大人女性は「安すぎると買わない」という傾向も見られる。「安かろう、悪かろう」を知っているためだ。**商品の価格を考える場合は、商品のクオリティとのバランスを見極める**ことが重要である。

「学び」を起点とした商品開発

こだわりの大人女性に向けた商品開発におけるキーワードとしては、「学び」も注目される。

グループインタビューを行ってみると分かることだが、**この世代には「習い事」をしている人が少なくない。**そして、このキーワードは、「おしゃれ」「美容」「健康」カテゴリの商品開発にも役立つ。

たとえば、アパレル系の商品開発を行う場合、「習い事に出かける際に適したファッション」をテーマにできる。冠婚葬祭ほどあらたまった席ではないが、かといって近所のスーパーへ買い物に行くようなラフなファッションではない。その中間の洋服を開発して、「ちょっとオシャレして出かける場所」の気づきを提供すれば、売り上げを後押しすることにつながるだろう。

「学び」のための外出が多くなるなら、肌や髪などの見た目にも今以上に気を遣うようになる。アクティブに出かけるなら「膝が痛い」などとは言っていられないので、足腰の強さも必要だ。

定年後に家にこもりがちになる男性とは異なり、女性はどんどん外に出ていく傾向が強いため、「第二の人生を存分に楽しむためのお手伝いをする」という視点からの商品開発に注目したい。

特有の悩みを解消する商品開発

「上質感を打ち出す」「安かろう、悪かろうは避ける」というポイントは、こだわりの大人女性の心を掴む商品開発には欠かせない。

どんなに安いブラウスでも、一度洗濯をしただけで縫い糸がほつれるような商品を、彼女たちはけっして購入しない。「安くていいからたくさん欲しい」という若年層とは大きく異なる点だ。

さらに、加齢に伴う体の悩みを解消するというポイントは、健康食品や化粧品では当たり前のことだが、アパレルでも忘れてはならない。

どうしても体型が崩れてくるこだわりの大人女性のファッションの悩みに、「自分にぴったり合うパンツが見つからない」というものがある。F1層がはくパンツをそのままこだわりの大人女性に合わせた場合、「ウエストが入らないのに腿の部分はぶかぶかでみっともない」「サイズはちょうどいいのに丈が長すぎ、すそ上げするとパンツのシルエットが変わって格好悪い」などの問題が出てくる。

こだわりの大人女性特有の悩みを詳細に分析することは、彼女たちの心を掴む商品開発に不可欠だ。

3. スクロール関連3社の商品開発例

(1)『ブリアージュ』の商品開発

【ポイント】
・百貨店品質で量販店プライスの女性向けファッション
・ニッチの分析を徹底する
・ライフスタイルブランド化を目指す

「何を着ればいいか分からない」への答え

「いつまでもきれいでいたい」「若々しくいたい」という願いは年齢を問わずすべての女性に共通するものだ。そして、基本的にジャケット・シャツ・パンツでこと足りる男性とは異なり、**年齢を重ねてくると「何を着ればいいのか分からない」という悩み**に行き当たる女性は多い。

老けて見える洋服は問題外だが、かといって若すぎる服を着るのも恥ずかしい。そんな女性たちをターゲットとしているのが『ブリアージュ』だ。ブリアージュとは、「brilliant（輝く）」と「age（世代）」を組み合わせたオリジナルのブランド名である。

『ブリアージュ』が狙う年齢層は50〜60代、価格帯ではアパレルのカタログ通販に意外に少なかった5000〜1万円台の商品をそろえている。

価格と質の点で「狭間」を狙う

カタログ通販のアパレルと言えば従来、「価格勝負」の傾向が強く、例えばパンツなら1本4000円以下という手頃な価格帯が一般的だった。しかし、『ブリアージュ』では1本7900円という商品もある。これまでのアパレル通販よりも、やや高めの価格設定をしているわけだ。

その意図はどんなところにあるのか。こだわりの大人女性が洋服を買おうとするとき、真っ先に向かうのはハイクオリティの商品が取りそろう百貨店である。とはいえ、百貨店で買うのが理想であっても、価格が高いためそう頻繁に購入することは難しい。

図表11　『ブリアージュ』の商品例

しかし、量販店の商品には満足できない。あまりに安い洋服は、クオリティ面で満足度が低く、また「買いたかったあの店の洋服」というような、憧れの気持ちが満たされない。購買意欲が刺激されないのだ。

そこで『ブリアージュ』では、こだわりの大人女性のこうしたわがままな要望に応えることを基本コンセプトとし、**憧れの百貨店と、購入しやすい価格帯がそろう量販店のちょうど中間の「狭間」の部分**を狙っていくことにブランドの価値を置いている。

生地や縫製、デザインなど商品のクオリティは百貨店レベルを目指しながら、価格は量販店に近い、あるいは量販店よりやや上の価格帯に設定することで、こだわりの大人女性の要望を満たす商品開発を行っている。

スクロールでは、F1層をターゲットとしたアパレルブランドを展開していたことがあり、F1層向けのパンツは1本2900〜9900円で販売していた。一方、『ブリアージュ』では5900円の価格で生地にはストレッチ感の高い特殊な素材を採用し、「360度ストレッチで快適な履き心地」や「ウエストゴム使用でお腹周りがちょっぴりリラックス」などの特徴を謳う。イタリア系や日本製生地の取扱い比率を高めながら、身体の悩みをさりげなくカバーする工夫を凝らしているわけだ。

ハイクオリティへの憧れを満たす

『ブリアージュ』のブランド立ち上げ前にマーケティングを行った際、こだわりの大人女性が洋服を買う場所の傾向が明らかになった。

もっとも買い物に出かける場所は百貨店。次に、ブティックという答えが多かった。行きつけのブティック、あるいは友人が開いているブティックなど、こだわりの大人女性はお気に入りの店を必ず持っている。価格帯は高いものの、品質と一緒に信用も買っているという傾向が強く見られた。

ただし、高い商品は頻繁に買うことができない。ハレの日のためや年に数回の自分へのご褒美の際に、百貨店やブティックなどを利用している。そして、家庭内で着る洋服や近所のスーパーへの買い物着など、気取らない場での普段着に関しては、量販店で買っている傾向が見られた。

この結果からは、**ハレの日の特別な洋服と普段着の間の「価格はほどほどでちょっと上質な服」を買える場所がない**ことが読み取れる。**その狭間を埋める存在**を目指しているのが、『ブリアージュ』というわけだ。

もちろん、ターゲットとする50代、60代の女性の中には、洋服にあまり興味のない層も一定程度いる。そういう層はおそらく『ブリアージュ』では購入しない。量販店よりも、価格帯がやや高いためだ。

しかし、『ブリアージュ』が狙うのは、その「やや高い」価格もよしとする層である。その分、素材やディティールを見る目は厳しくなるため、カタログではイメージを訴求、サイトではディティールや素材を訴求するように工夫している。**縫い目を拡大できる、裏地の材質をチェックできる、ボタンの材質が確認できるなど、クオリティの部分を積極的に訴求できるような商品開発を最初から行っているのである。**

ニッチの分析を丁寧に行う

『ブリアージュ』の商品構成は、ワンピース、ジーンズ、トップス、ボトム、アウター、インナー、バッグ、小物、靴を中心としたラインナップだ。

これは、ワンピースを買うついでにその服に似合うバッグも買ってしまおう、パンツと一緒に見た目に響かないインナーも購入しようなど、「ついで」の購入意欲を促進する狙いからだ。

もともと女性向けのアパレル系通販は、リアルの店舗で扱いが少ない、ビッグサイズや

図表12　『ブリアージュ』商品拡大写真

コーラルピンク
ブルー
輝きの綺麗なビジューがワンポイント。
オフホワイト
ウエストのボタンにはラインストーンを使用。
後ろポケットのリベットと刺しゅうにもラインストーンがキラリ。
オフホワイト
ブルー

スモールサイズなどの商品を取り扱う、非常にニッチな業態であった。

いまでこそいくつも登場しているが、「通販＝安いものを手軽に買う」というイメージはなお強く、50代、60代の女性をターゲットとしながら格安の洋服を取りそろえているブランドが多い。もちろん、これと対極に位置するブランドも存在するが、百貨店と同レベルの価格帯をラインナップしている。

こうした女性向けのアパレル系通販の市場を分析し、価格とクオリティのバランスにおける空白のゾーンを狙ったのが、『ブリアージュ』の商品開発なのである。

同じようなアプローチは、こだわりの大人女性をターゲットとする他の商品ジャンルでも参考になるのではないだろうか。

「マーケットイン」を貫く

新たに通販を始めようとするとき、あるいはすでに始めているが業績が芳しくないという場合、「自分たちはこういう商品をもとに商売を始めたい」「この商品があるから売っていきたい」という前提から入るケースが多い。

しかし、時としてそのこだわりが行き過ぎると失敗につながる。通販もマーケットありき、顧客ありきだからだ。

売り手の発想で商品開発を行う「プロダクトアウト」ではなく、**買い手の立場に立って、買い手が欲しいと思うものを提供する「マーケットイン」を貫く。**これは、特にこだわりの大人女性をターゲットとするならば忘れてはならないことだ。

『ブリアージュ』では、**商品開発にグループインタビューを積極的に活用している。**1回につき20人前後を集め、『ブリアージュ』の利用客はもちろん、他社の利用客、あるいは通販を利用したことのない人からも、話を聞いていく。中でも、「かつては通販を利用していたが今はしていない」という人に話を聞くと、商品開発の大きなヒントが見つかることがある。

例えば、「レースの素材が安っぽかった」「思ったより生地が薄くペラペラだった」「縫製が粗かった」など、手元に届いたときの失望感を一度でも体験すると、こだわりの大人女性は二度と通販を利用したくないと思うケースが少なくない。グループインタビューでも、このような厳しい意見が集まることがある。しかし、クレームになりうるこうした要素を排除すれば、顧客を掴むことができるともいえるのだ。

あるとき実施したグループインタビューの顔ぶれは、過去に通販を利用したことはあるが、『ブリアージュ』の利用経験はなく、かつ『ブリアージュ』のカタログは見たことがあるという50代の女性5名のほか、50～60代のライトユーザー12名、50～60代のヘビーユーザー9名、そして通販を利用したことがなく、世帯年収1500万円以上の50代の富裕層5名、計31名であった。

その際、商品に対する課題として彼女たちが挙げたのが、「プリントやレース物は一般生地を使用している印象があり、安っぽく感じる」「無難だが個性がない」などの厳しいものだった。

そこで『ブリアージュ』では、既存取引先の素材選定、パターン、縫製レベルの改善を指示するとともに、付加価値の高い欧米製などのウール、リネン、コットンといった素材を使用してグレード感のアップを図った。また、キラー商材であるパンツについては商品特長にエッジを作り、『ブリアージュ』にしかない商品の打ち出しを図った。

こうして、素材の上質感と履き心地の良さを追求した「美脚パンツ」は、マーケットインによって改良が重ねられ、『ブリアージュ』のヒット商品となっている。

こだわりの大人女性のための「ライフスタイルブランド」

『ブリアージュ』のような、百貨店と量販店の狭間を狙った価格帯の場合、それは量販店よりも高いという意味からはクレームにつながる微妙なラインと言え、品質には細心の注意を払う必要がある。ニッチを発掘しての商品開発の際には、グループインタビューなどを実施して顧客の声を十分にすくい上げる機会を設けるべきだ。

ターゲット層をこだわりの大人女性に絞る『ブリアージュ』では、今後より一層の業績拡大を図っていくため、ひとりの顧客の購入単価を上げることを課題としている。

例えば、現時点ではアパレルの他に靴や鞄などの服飾雑貨、インナーというラインナップだが、今後はアクセサリーやジョギングウェアなどのスポーツ用品、そして花瓶やテーブルクロスなどリビング用の小物など、ライフスタイルを全般的にカバーできるようなブランドづくりも検討する予定である。

こだわりの大人女性のニーズを満たすべく、マーケットインの戦略を貫きながら、「ライフスタイルブランド」としての商品開発を一層、進める方針である。

(2)『北海道アンソロポロジー』の商品開発

【ポイント】

・更年期における様々な不調に働きかける健康食品

・ローヤルゼリーの有効成分「デセン酸」をアピール

アピールポイントの絞り込みが鍵

平成8年創業の『北海道アンソロポロジー』は、ローヤルゼリー配合のサプリメントである「ミラクルクイーン」を主力商品としている。これまで4回のリニューアルを行い、現在の商品は5代目にあたる。

ミツバチの女王蜂が食べるローヤルゼリーは良質なタンパク質のほか各種ミネラルやビタミンを含み、代表的な健康食品として広く認知されている。広告等において医薬品のような効能効果を謳うことはできないが、血圧やコレステロール値の低下、抗炎症作用、外傷治癒、抗菌作用などの可能性もいわれている。

しかし、このように様々なメリットが期待できる食品の場合、「何にでも良い」と謳うことは、むしろデメリットであることが多い。購入者に何が良いのかが伝わりにくく、購入の決め手とならないためだ。

『北海道アンソロポロジー』にとっても、アピールポイントをどう絞り込んでいくかが商品開発の大きなテーマであった。同社がとった戦略は、**40代後半から50代の更年期を迎え**

図表13 『北海道アンソロポロジー』商品例

ミラクルクイーン
100粒
¥10,800（税込）

美艶花
80ml
¥10,080（税込）

た女性にターゲットを絞り、ホルモンバランスに働きかけることで更年期の様々な症状と不調の緩和を助ける商品と位置づけることだった。

プロモーションにおいても、「更年期」「ホルモンバランス」「女性の年齢特有の悩み」といったキーワードを多用し、読者モデルの声などもそうした内容を強調するようにしたのである。

成分上の特徴にもフォーカス

もうひとつ、『北海道アンソロポロジー』が商品開発で採用した戦略は、**ローヤルゼリーに含まれる「デセン酸」の含有量を訴求することである。**

「デセン酸」はローヤルゼリーであれば品質にかかわらず、多かれ少なかれ含まれている成分だ。ローヤルゼリーの取引に関して一般消費者の適正な商品選択を保護すること等を目的に制定された「ローヤルゼリーの表示に関する公正競争規約」では、ローヤルゼリーと表示して販売する条件のひとつとして、デセン酸の含有量が定められている。

具体的には、生ローヤルゼリーでは1・40%以上、乾燥ローヤルゼリーでは3・50%以上、調製ローヤルゼリーでは0・18%以上含まれていることを、所定の試験方法で確認しなければならない。

ただ、商品ラベルや広告などでは含有量まで記載する必要はなく、実際、ほとんどのメーカーは表示していない。これに対して「ミラクルクイーン」では、基準値の16倍という高いデセン酸含有量を誇っており、「これだけの品質がなければ製品化しません」という自社基準を設けることで、他社との差別化を図っている。

残念ながら、マーケティングリサーチなどの各種調査では、消費者のデセン酸に対する認知度はまだ低い。しかし、それゆえ今後はデセン酸に注目する先駆的な商品としてブランディングしていく余地は大きいといえるだろう。

更年期の悩みに応える商品展開

「ミラクルクイーン」はいま述べたように、40代後半から50代の更年期を迎えた女性にターゲットを絞り、ホルモンバランスに働きかける点を訴求ポイントにしている。当然、顧客は更年期の悩みを抱えた女性が中心となる。

更年期にはほかにも、ホルモン分泌が減少することでカルシウム不足による骨粗鬆症が起こってきたり、抜け毛や薄毛など髪の悩みも出てくる。

『北海道アンソロポロジー』はそこで、更年期の悩みに応えるクロスセルの戦略商品として「美艶花（びえんか）」という薬用育毛剤を開発、２０１０年から販売を開始した。女性ホルモンを補うとともに、男性ホルモンの働きを抑えることで、女性特有の薄毛や抜け毛を防ごうというものである。

実際、「ミラクルクイーン」のリピート客が「美艶花」を同時に試してみるケースが増え、狙い通りの成果を挙げつつある。

一方、クロスセルを狙いながら失敗したケースもある。肌の保湿効果が高いサプリメントとして、牛乳由来成分であるミルクセラミドを配合した新商品を開発したときのことだ。「ミラクルクイーン」は更年期の不眠やだるさ、ほてりなどの症状を和らげる最上位商品という位置づけに対し、この商品は価格もやや低く設定し、更年期における肌のトラブルを緩和するサブ商品という位置づけであった。

ところが、「ミラクルクイーン」のリピート客に対して、ミルクセラミド配合の新商品キャンペーンを行ったところ、「ミラクルクイーン」のリピーターが減少、新商品へ移行してしまったのである。

理由はニーズのかぶりだった。ミルクセラミドで肌の調子が良くなるなら、価格の高い「ミラクルクイーン」は必要ないと考えた顧客が多かったのだ。つまり、「ミラクルクイーン」のリピート客には、想定以上に更年期による肌の不調の悩みが多かったのだ。

こだわりの大人女性をターゲットとした商品開発では、顧客の悩みやニーズの決めつけや販売側の都合による思い込みはご法度である。

いまの顧客は様々なメディアから自分で調べ、膨大な情報を持っている。サプリメントなどの成分が、自分のどんな症状を助けてくれるのかを、売り手の側の認識以上に広くとらえていると認識しておくべきだろう。

健康食品は奥が深い。こだわりの大人女性をターゲットとした商品開発を行う場合は、彼女たちが何を求め、どうなりたいためにその商品を必要としているのかを徹底的に追究することだ。

幅広い効果についても訴求

「ミラクルクイーン」にしろ「美艶花」にしろ、更年期やホルモンバランスを強調することで他社との差別化を図っているわけだが、これは逆に更年期を過ぎた顧客層へはあまりアピールできないデメリットも伴う。

これに対する『北海道アンソロポロジー』の対応は次のようなものだ。

まず、「ミラクルクイーン」や「美艶花」でリピート客を確保する。このコアファンに対しては、更年期の悩み解消と並行して、滋養強壮や健康維持についての訴求を行っていくことで、更年期が過ぎてからも使い続けてもらうようにするのだ。

実際、ローヤルゼリーは何歳からでも、また何歳になっても摂り続けられるし、そのメリットを訴求することは可能だ。顧客によっては、更年期が終わったからといって、急に「ミラクルクイーン」を止めることに戸惑いを感じる人もいる。

そこに、健康維持という訴求があれば、更年期の後も使用目的を見出し、購入を続ける後押しになる。「ミラクルクイーン」のリピート客のうち、実に28％ほどが10年以上、継続しているという事実もそのことの証左といえるだろう。

さらに、「ミラクルクイーン」はこれまで単一商品であったが、今後はシリーズ化を図る計画もある。廉価版を作ったり高級版を作ったり、別の効能を持つ成分をプラスした商品を作るなど検討を続けているところだ。

いずれにしろ、**「ミラクルクイーン」で獲得した顧客を、更年期終了と同時に手放すのではなく、別の商品を用意して囲い込む**。今後は、そうしたラインナップを増やしていくための商品開発が中心になっていく見込みだ。

（3）『豆腐の盛田屋』の商品開発

【ポイント】
・「豆腐屋さんが作る」スキンケア商品
・豆乳、ヨーグルトなど天然成分由来

豆腐屋さんの豆乳石鹸

福岡に本社を構える『豆腐の盛田屋』は、その社名の通り宮崎県の椎葉村に工場を持つ、豆腐屋が母体となっている。椎葉村は日本三大秘境と呼ばれる標高７００メートルの山奥であり、同社は昭和57年から豆腐を作り続けてきた。

なぜこのような場所で豆腐屋を開業したのか。その理由のひとつは、美しい湧水が豊富にあることだ。同社ではこの湧水と、北海道と佐賀県産の大豆を使った、国産１００％の豆腐作りを行ってきた。

また、椎葉村は昔から、林業が盛んな地域で、男女問わず従事している人が多かった。そして、厳しい作業に携わる女性たちの手は、荒れていた。そんなとき、林業の合間に豆腐作りを手伝った女性たちの手が、どんどんきれいになるという現象が起きた。豆腐作りの工程で豆乳に触れていたからだ、という噂が広まる。

豆乳には大豆イソフラボンが豊富に含まれている。これが、美容成分として肌に効果をもたらすと考えた『豆腐の盛田屋』が、女性の手をきれいにしようと石鹸作りに着手したのが、商品開発のきっかけだった。

孫がいるお婆さんが、「おばあちゃんの手はガサガサだから、手をつなぐのは嫌だよ」と言われていたのに、『豆腐の盛田屋』で働くようになって手がつるつるになり、「孫が手を握ってくれるようになりました」と非常に喜んでいたというエピソードが伝わっている。商品開発においてこのようなエピソードがあることは、こだわりの大人女性向けの通販商品としては、大きな強みとなる。

手間のかかる枠練り製法

豆乳石鹸の製造に乗り出したのは15年前のことで、現在、この商品が同社の看板商品となっている。女性の美容に有効だと言われる豆乳のブームは定期的にやってくるが、ブームが下火になっても、豆乳石鹸は変わらず売れ続けている。

図表14　『豆腐の盛田屋』の商品例

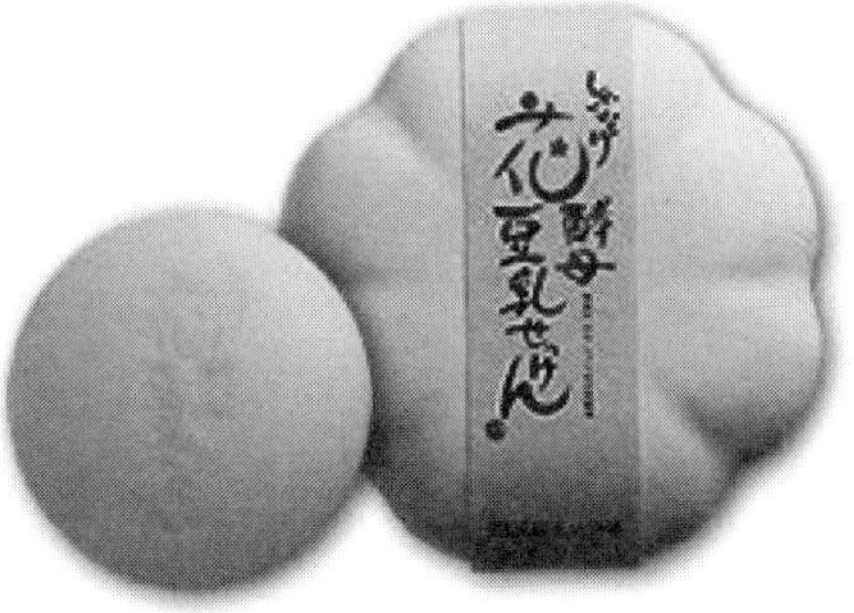

しゃくなげ花酵母豆乳せっけん
1個50g
¥2,376（税込）

豆乳よーぐるとぱっく玉の輿
1個150g
¥2,160（税込）

石鹸には、大きく分けると2種類の作り方がある。ひとつは、一般的に使われている機械練りだ。これは、浴室など水気が多い場所に置いておくと、ふやけて溶けたり崩れたりすることが多い。機械練りは、いわゆる大量生産に適しており、現在では主にマレーシアなどで製造されている。

もうひとつは枠練り石鹸と呼ばれ、枠に流し入れ、時間をかけて冷やし固めて作る石鹸だ。多くの工程を経て完成するため、どうしてもコストが高くなる。しかしその分、製造工程の途中で様々な美容成分を配合できたり、溶けにくいなどの利点がある。

『豆腐の盛田屋』は、枠練り製法にこだわって石鹸作りを続けている。発売した当初、この枠練り製法でつくる石鹸会社は日本に数社しかなかったため、非常に注目を集めた。

通常、枠練り石鹸は高級化粧品のラインナップの中で作られていることが多く、1個3000円ほどすることも珍しくない。しかし、枠練り製法で作られている同社の豆乳石鹸は、1200円と価格を抑えている。また、使用している「豆乳感」を出すべく、特別な製法で透明ではなく白にする工夫も施している。

あえて「田舎っぽさ」を前面に押し出す

昨年度からは「しゃくなげ花酵母豆乳せっけん」と「豆乳よーぐるとぱっく玉の輿」を戦略商品と位置付けてＰＲに努めている。

「しゃくなげ花酵母豆乳せっけん」は、オリジナルブランドの豆乳石鹸の上位商品で、濃厚な豆乳とミネラル豊富な椎葉村の天然水、そして椎葉村の村花である「しゃくなげ」から採取した酵母を使用している。『豆腐の盛田屋』だからこそできた、新しい商品だ。

酵母は非常に高価で、大手化粧品メーカーから発売されている酵母入りの化粧水などは１万円を超えるものがほとんどだ。しかし、同社では椎葉村のしゃくなげから採取した酵母を自社で開発できたことによって、１個２３００円程度と安く抑えることに成功している。

「豆乳よーぐるとぱっく玉の輿」は、豆乳石鹸と同じ成分である椎葉村産の濃厚な豆乳と豆乳発酵液、しゃくなげ石鹸に配合しているしゃくなげ酵母エキス、そして女性が「美容」や「健康」で注目しているヨーグルト、ハチミツ、ローヤルゼリーなどを配合しているものだ。酵母エキスはアミノ酸組成が肌の組成とよく似ており、肌に馴染みやすく、パックにすることで有効成分の肌への効果も大いに期待が持てる。

いずれの商品も、50~60代の女性の肌の悩みを助けることに役立ち、リピーターが多い。

また、**天然成分が由来であることや山奥の豆腐屋さんが丁寧に作っているという背景**が、商品イメージを補強している。

林業に携わる女性たちの手荒れを救っているというブランドストーリーも、スキンケア系の化粧品を商品として扱ううえで、顧客の購買意欲を後押しする大きな要素と言えるだろう。

あえて「田舎っぽさ」を前面に押し出した商品開発を行うことが、こだわりの商品を選ぶ傾向の強いこだわりの大人女性の心を掴む効果的な手法となっているのである。

「椎葉村発」のコンセプトを守り続ける

豆乳石鹸がクチコミで広がり、話題になっていく中、『豆腐の盛田屋』では化粧品シリーズの開発も進めてきた。ただし、一番大きな方針として、「椎葉村で作る豆乳を使った商品」というコンセプトや、「椎葉村で取れる草花や産物を原料にする」「盛田屋の豆腐工場から生まれる」という姿勢を守り続けている。

そのため、同社の商品のアイテム数は、それほど多くはない。種類の多さで利益を上げるのではなく、ロングセラーでの売り上げ維持を目標としている。

最近、豆乳や椎葉村のキーワードに共感する顧客も増加していることから、今後は東京に商品企画開発の専門部署を作り、首都圏という日本最大のマーケットでユーザーニーズをリサーチし、新たな商品開発を進めていく方針だ。

「肌に優しい椎葉村の豆乳」というブランドコンセプトのもと、椎葉村の材料を使う点も従来と変わりない。無暗に拡大路線を図るのではなく、あくまでも「椎葉村」で「手間暇かけて」を貫く。このような商品開発は、こだわりの大人女性を攻略する参考になるはずだ。

図表15　『豆腐の盛田屋』の椎葉村イメージ

はじめまして。
豆腐の盛田屋です
豆腐の盛田屋がある宮崎県椎葉村。
そこは澄んだ空気と水、豊かな自然に恵まれた
お豆腐づくりに最適な場所です。
盛田屋でつくられる濃厚な豆乳には、
キレイの秘密がぎゅーっと詰まっています。
どうしてお豆腐屋さんが化粧品を？
豆腐職人の手は、
まるで「絹ごし豆腐」のようにつるつるしっとり。
私たちのような豆腐屋が基礎化粧品をつくることになったきっかけは、
豆腐づくりをするうちに手がキレイになったという豆腐工場で働く
女性スタッフの声でした。
彼女たちが顔をほころばせながら差し出した手は、
豆腐のようにつややかだったのです。
それもそのはず、豆乳には女性に嬉しい大豆イソフラボンや
ビタミンEがたっぷり含まれています。
「この豆腐の素晴らしさを、一人でも多くの女性にお伝えしたい」
そうして誕生したのが『豆乳せっけん自然生活』でした。
発売以来たくさんの方からご愛顧いただき
おかげさまで累計売上数250万個※を突破しました！
※2001年2月～2014年9月盛田屋調べ
しっとりつるつる
絹ごし肌の秘密♪
豆乳の成分について
豆乳には美肌づくりにうれしい成分がたっぷり入っています。
大豆
イソフラボン
ビタミンE
ミネラル
サポニン
中でも大豆イソフラボンやビタミンE、ミネラル、肌のエイジングケアに働くサポニンは注目の成分で、
特に女性に嬉しい働きが期待できる「大豆イソフラボン」は、年齢を重ねることで起こる肌トラブルを防いでくれるといわれています。
最近になり、豆乳をつかった基礎化粧品が数多く存在するようになりましたが、盛田屋がこだわるのは「豆乳」の質。
盛田屋の豆乳は、一般の調整豆乳の約1.5倍も濃厚な豆乳※を使用しています。
※消費者庁の品質表示基準で定められた豆乳と比較

第2章のまとめ

□「おしゃれ」「美容」「健康」の3つが商品開発のキーワード

□いくつになっても美しくありたい女性のニーズを満たす

□価格を抑え過ぎる必要はない

□マーケットインを貫く

□競合が多い商品では「売り」を明らかにする

□商品のストーリー性を大切にする

第3章

「こだわりの大人女性」を攻略するビジネスモデル

1．休眠顧客は必ずフォローする

通販ビジネスの2つのパターン

通販といっても、そのビジネスモデルにはいろいろなパターンがある。たとえば、商品特性に応じて次の2つに分けられる。

ひとつは、商品の種類を豊富にそろえ、必要な商品を利用者が選べる「**バリエーション通販**」。もうひとつは、取り扱いをひとつの商品やカテゴリに絞り、利用者にこれを繰り返し買ってもらう「**単品通販**」だ。

前者では、主にアパレルやライフスタイル商品が、後者には健康食品や化粧品などがあてはまる。

「**バリエーション通販**」は一般に在庫規模が大きく、初期費用や仕入費用、保管や流通コスト、人件費、広告宣伝費などコストがかかる。中小企業が参入するには、事業資金などの面でハードルが高い。一方、商品アイテム数が多いので、ブランド力がつけば1人当たりの売上を伸ばしやすい。

「**単品通販**」はこれに対し、ひとつの商品やカテゴリに絞るため、初期投資が比較的少なくてすむ。商品の素材や製法、こだわりなども伝えやすい。売上を確保するには、顧客を引き留め（リテンション）、リピート率を上げることが不可欠だが、いったん固定ファンがつけば安定して利益を出せる。ただ、独創的な商品はそれほどなく、多数の競合の中での差別化が鍵を握る。

近年の傾向では、単品通販の会社が増加しており、大手菓子メーカーや飲料メーカーなどでも新規事業として参入しているケースが多い。通販業界をリードしているのは、単品通販であると言える。

ターゲットを徹底的に分析する

通販ではまず「新規顧客の集客」ができなければ始まらない。誰に向けてアピールするのかを明確にし、商品の見せ方やアプローチの手段、競合他社の調査などを行っていく必要がある。

ターゲットを分析する要素としては、年齢・性別・年収・居住地域など、人口統計学的データである「ジオデモグラフィック情報」と、価値観・ライフスタイル・嗜好など消費者心理に関わる「サイコグラフィック情報」がある。

それらの分析をもとに設定したターゲット層に対して、どのような方法で辿りつくのがもっとも効果的か、その到達手段を次に考える。ターゲット設定が明確になっても、アプローチにコストがかかりすぎた場合、なかなか利益に結び付かない。

例えば、こだわりの大人女性をターゲットに健康食品を売っていくなら、アプローチチャネルについて新聞広告なのかネットのバナー広告なのか、あるいはテレビのインフォマーシャル(140p参照)なのか、分析する必要がある。これは商品によっても変わるため、「こだわりの大人女性にはこのアプローチ法!」といった明確な答えはない。**多かれ少なかれトライ&エラーを繰り返して最適なアプローチ方法を見つける必要がある。**

理想としては、少ないコストで探りながら、「当たり」だと思われる手法、媒体が見つかれば一気に費用を投下する。商品と媒体、そしてターゲットの心を掴むクリエイティブがそろわなければ、新規顧客の集客はスムーズにいかない。

なぜ休眠顧客は生まれるのか

新規顧客の獲得がある程度進んだら、次は顧客のリピーター化に取り組まなければならない。これを怠ると、既存顧客は必ず減っていく。

既存顧客がなぜ脱落していくかについて、真剣に考えて改善に取り組んでいる企業は意外に少ない。既存顧客が脱落する原因としては、おおむね以下がある。

①商品が必要なくなった
②他社に乗り換えた
③対応が気に入らない
④今買わなくてもいい

既存顧客が離れていくこれらの原因は、通販でもリアル店舗でも共通している。

①の商品が必要でなくなるケースは、健康食品などのカテゴリでよく起きる。

例えば、更年期の不調に働きかけるサプリメントは、更年期が終了すれば必要なくなる。化粧品では、シミ対策用の化粧品が効果を発揮して、シミが薄くなれば必要なくなる。顧客を掴み続けるには、次の段階で必要な商品や、他の悩みに働きかけるような商品を生み出すためのマーケティングを行わなければならない。

②と③は、競合他社の進出や、コールセンターの質の低下など自社の販売体制の不備が原因となって起こる。この場合、他社より秀でたサービスや、売り方などについて再検討

する必要が出てくる。

④の「休眠顧客」は、とくに商品が嫌になったわけでも、対応に不備があったわけでもないのに生まれてくるやっかいな存在だ。その商品を購入する気はあるが、今現在は必要性に迫られていないので先延ばしにしているなどの状態にある。企業側としては、CRM（顧客関係管理＝顧客満足度を向上させるために顧客との関係を構築することに力点を置く経営手法）が疎かになっている状態だ。

格安の商品を、短期間に大量に売り切るようなビジネスモデルなら問題はないかもしれないが、**一般的なバリエーション通販や単品通販では、CRMが不可欠だ。**新規顧客獲得ののち、リピーター化を進めなければ、休眠顧客が次々に生まれ、その分、新規顧客の獲得を繰り返さなければならなくなる。

DMを送るなどの取り組みを行うだけでも、休眠顧客を作らないことに役立つが、その重要性に目を向けない企業も少なくない。「DMなど読んでもらえない」と決めつけているためだ。

しかし、顧客に対して企業側からのアプローチを怠れば、休眠顧客は必ず生まれてしまう。バリエーション通販であれば、カタログの発行頻度を高めたり、単品通販ならば定期的にチラシを入れたり、DMを送るなどが不可欠なのだ。

現状のこだわりの大人女性は、通販の申し込みに電話を活用する世代であるため、コールセンターによる対応も有効だ。ただし、電話によるつながりは対応を誤れば優良顧客も逃しかねない。

『ブリアージュ』が行ったグループインタビューでは、販促とリテンション（引き留め）に対する意見として、「コールセンターがなかなかつながらずにイライラする」「口調がフレンドリーでないので電話しにくい」などの声が寄せられた。そこで現在、『ブリアージュ』ではコールセンターの接客対応から見直しを図り、健康食品をはじめとする単品通販からノウハウを学んで個別対応のできるセンターへの転換を図っている。

リピート率50％が最低条件

図表16を見ると、顧客の内訳がどう変化していくかがイメージできるだろう。今年度は新規顧客が50、既存客が50であったとする。これが来年度には既存客のベースとなるが、もちろん全員（100）が残るわけではない。

もし、リピート率が50％以上であった場合、来年度は既存客がすでに50以上いる。そこにまた新規顧客の50がプラスされれば、前年（100）よりも顧客の総数は多くなる。

一方、リピート率が50%を下回った場合、既存客は当然50を下回る。来年度、新規顧客を50獲得しても、トータルでは前年に届かない。50%を下回るリピート率であれば、前年度と同じことをやっていても、売上は減少していくのだ。

このことをしっかり理解して初めてどのような対策が必要か見えてくるが、意外に無頓着な事業者が多い。

では、リピート率アップにはどのような施策が有効だろうか。ひとつは、商品やブランドに対する理解の促進を図ることだ。

かつて、通販で取り扱う商品は、通販でしか手に入らないものが多かった。しかし、今では書籍もネットで買う時代となり、宅配便を心待ちにするという特別感は薄れつつある。注文してから商品が到着するまでの間に、何を購入したか忘れてしまうというケースも少なからず起きている。

そこで重要なのが、初回の購入時、商品を届けるタイミングで商品やブランドのコンセプトを強烈にアピールすることだ。チラシやお礼状を凝ったものにする、小さなプレゼントをつけるなどの工夫もいいだろう。ファースト・コンタクトでインパクトを与えることを怠れば、その後のリピート率は大幅に低下する。

図表16 通販成功の秘訣

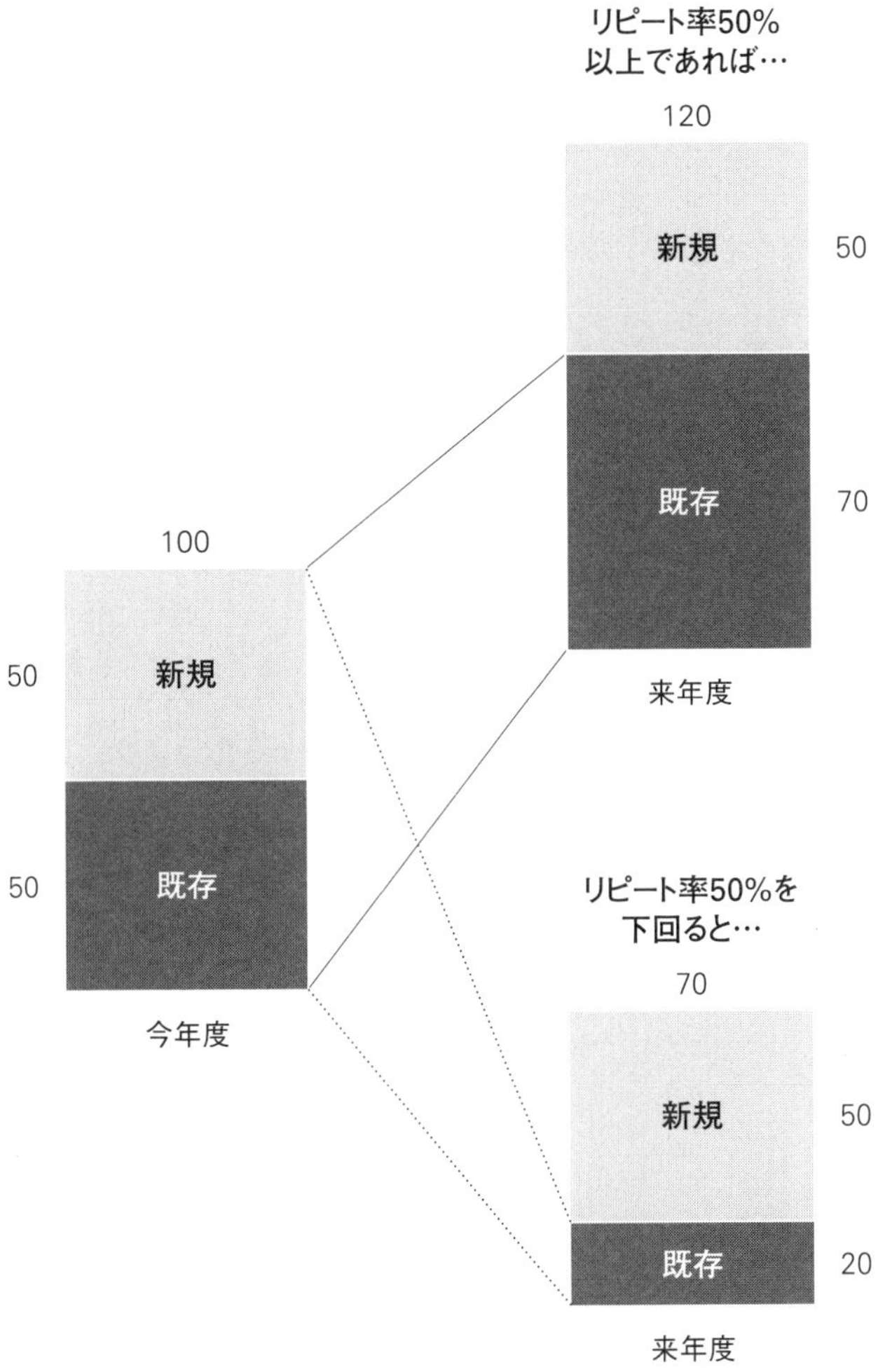

2. 電話やメールを使った継続的関わりを維持する

こだわりの大人女性には電話でのコミュニケーションが有効

次に大切なのが、商品に対する疑問を徹底的に解消することだ。

特に、健康食品や化粧品などを購入した女性は、使い方や成分、効能などに対して疑問や不安を抱きがちだ。ブランドに対する理解促進やリピート率アップのためには、これらの疑問に積極的に答えていくことが大切だ。

お勧めなのが、フォローのためのアウトバウンド・コールである。男性に比べ女性は電話に対する抵抗感が薄いため、商品到着後、数日以内に電話をかけ、疑問や不安はないかコミュニケーションを図ると良い。

頻繁に上がってくる質問や感想をピックアップし、パンフレットやチラシに反映させたり、ホームページにQ＆Aコーナーを設けることで、ネットへの誘導にも役立つだろう。

同じブランドの他の商品を紹介するのも、リピート率アップにつながる。通販が一般的になってきたとはいえ、初めて使う商品が期待以上のものであったり、予想しないサービスがあったりすると、感動を覚える顧客が多い。ブランドに対する評価が高まっている状態は、同じブランドの他の商品も薦めやすいタイミングだ。注文商品と同梱で、他の商品のサンプルを届け、たとえ購入商品がリピートにつながらなくても、関連商品の購買へとつなげることを狙う。

ただし、健康食品や化粧品の場合、クロスセルによって双方の効果効能が打ち消しあう場合もある。顧客自身がなぜその商品を買ったのか、あるいは何を買ってよいのかが分からなくなる事態だけは招かぬよう、注意が必要だ。

商品が到着しても、忙しさなどからすぐには箱を開けず、いつの間にかしまいこんでしまうことも想定できる。これを防ぐためにも、アウトバウンド・コールは有効だ。使用してもらわないことには何も始まらない。タイミングを計り、使用を後押しするアウトバウンドを行うといいだろう。

「リピーター育成」に向かって何をすべきか

新規顧客の獲得とリピーター化を効率的に行うには、テレビのCMや全国紙に広告を出すなど、マスコミを利用することが有効だ。しかし、コストがかかり、すべての事業者に適している手法とは言えない。

そこで最近は、ＳＮＳを活用し、新規顧客をリピーターに育てることが重視されている。比較的少ないコストで、コアなファンを獲得できるからだ。

この点、こだわりの大人女性にはネット利用者が多くないとし、ネットの活用を軽視している企業もある。

もちろん、Ｆ１層と比較すれば、50代、60代女性のパソコンやスマートフォンの利用率は低い。しかし、ターゲットがシニアだからといってネット活用を切り捨ててしまうのは、あまりにも性急だ。

大切なのは、定期購入客を何人増やすか、新規顧客の継続率を何％にするか、具体的なゴールを設定することだ。その上で、ハガキやチラシ、電話、そしてネットの効果を考えていく。

最初からマーケティング手法や媒体を固定するのではなく、まず目標を定め、それを達成するにはどのやり方が有効かを選択するというアプローチが大切だ。

こだわりの大人女性の心をくすぐるメールの活用

開封率の高い電子メールを利用するだけでも、リピート客の獲得につながるだろう。

もちろん、毎日何十通ものスパムメールが送られてくる現代では、ごく普通のメールを送っただけでは開封は望めない。まして、ネット通販はブランドの認知率が低く、初回購入者では「このブラウスは○○というブランドから買った」というより、「ネットで買った」あるいは「楽天で買った」程度の認識しか持っていないのが現実だ。

そんな状況で、ブランドの名前をタイトルに入れた電子メールを送っても、スパムメールとしてゴミ箱に直行の可能性が高い。

しかし、電話とは異なり、電子メールはほぼコストがかからない追撃ツールであるため、わずか数人でもリピーターを獲得できるのであれば、有効な手段と言える。

電子メールを活用する場合、まず送りたいのが、購入当日のお礼メールだ。多くのECサイトのシステムでは、購入後に自動配信メールが送信される。しかし、これだけではなく、手打ちのお礼メールが届くことで、購入者はブランドに対する信頼感や安心感、そして特別感を感じることができる。

電子メールの活用場面は、商品が届く前にもある。いつ商品を発送したかのお知らせメールを送るのだ。たとえ申込時に発送日を指定していたとしても、本当に期日通りに発送がなされたのか、顧客は不安を感じるものだ。とくに、こだわりの大人女性には「礼儀」といった意味でも、商品発送メールが有効に作用する。

「商品は到着しましたか？」という確認メールも取り入れるべきだ。「商品に不備はありませんか？」「使い心地はいかがですか？」など、商品に対するフォローのメールは、セールス目的のメールとは違った印象を与え、ブランドへの信頼感も高まる。アフターフォローは、特にこだわりの大人女性の心をくすぐるはずだ。

最後に、セールやクーポンのお知らせに電子メールを活用するのもよいだろう。購入後1週間～10日頃を見計らい、セール企画のお知らせや購入者限定のクーポンなどを送る。商品を気に入っていれば、必然的にリピート率が高くなる。休眠顧客を作らないという意味でも、効果的な電子メールの使い方と言えるだろう。

このような段階を踏んで送る電子メールは「ステップメール」と呼ばれ、ネット通販では有効な手法である。こだわりの大人女性の中でインターネットを日常的には活用していない層でも、電子メールの利用率は比較的高い。ネット活用によるリピーター育成の第一歩として、電子メールをぜひ活用してみてはいかがだろう。

3. スクロール関連3社のビジネスモデル例

(1)『ブリアージュ』のビジネスモデル

【ポイント】
・ファッションのバリエーション商品
・カタログ通販(年12回発行)

顧客の認知は予想より低い

アパレルのバリエーション商品を販売する『ブリアージュ』のビジネスモデルにおいて、現在とくに重要視しているのが、「ブランド戦略」と「リピーター育成」だ。

まず、いかに利用客に『ブリアージュ』というブランドを認知してもらうかという点を見てみよう。

通販事業者は、利用者にカタログやチラシ、あるいは商品が届くことで自社ブランドが認知されるととらえがちだ。少なくとも利用者が社名の入った何かを目にした時点で、認識されて当然と考えてしまう。

まして、定期的にカタログを送っていれば、例えば「洋服を買うなら『ブリアージュ』」といった具合に利用者の頭の中にインプットされると思いがちだ。

しかし、誰もが知っている大手メーカーやリアル店舗を持つ業態とは異なり、通販でのブランド認知は非常に手間と時間がかかる。「通販会社からカタログが届いた」という事実は認識していても、カタログ通販会社はいくつもあり、またネット上の店舗も膨大な数になる。その中で、ひとつひとつのブランド名を覚えている利用客は、実は少ない。

こだわりの大人女性の中には、通販で洋服からファッション小物、化粧品や健康食品、一般食品や飲料水まで購入する層もいる。その中で、自分が購入したものが何というブランドの商品か、ひとつひとつ覚えていることは稀なのだ。食品や飲料水であれば産地を認識していても、何という名前の会社から購入したかは覚えていない。ましてアパレルの場合、認識しているのは「ブラウスを買った」「パンツを買った」という事実のみ。A社とB社別々のブランドで複数の洋服を購入しても、ひとまとめに「通販で買った」という認識しか残らない。

図表17　『ブリアージュ』のビジネスモデル

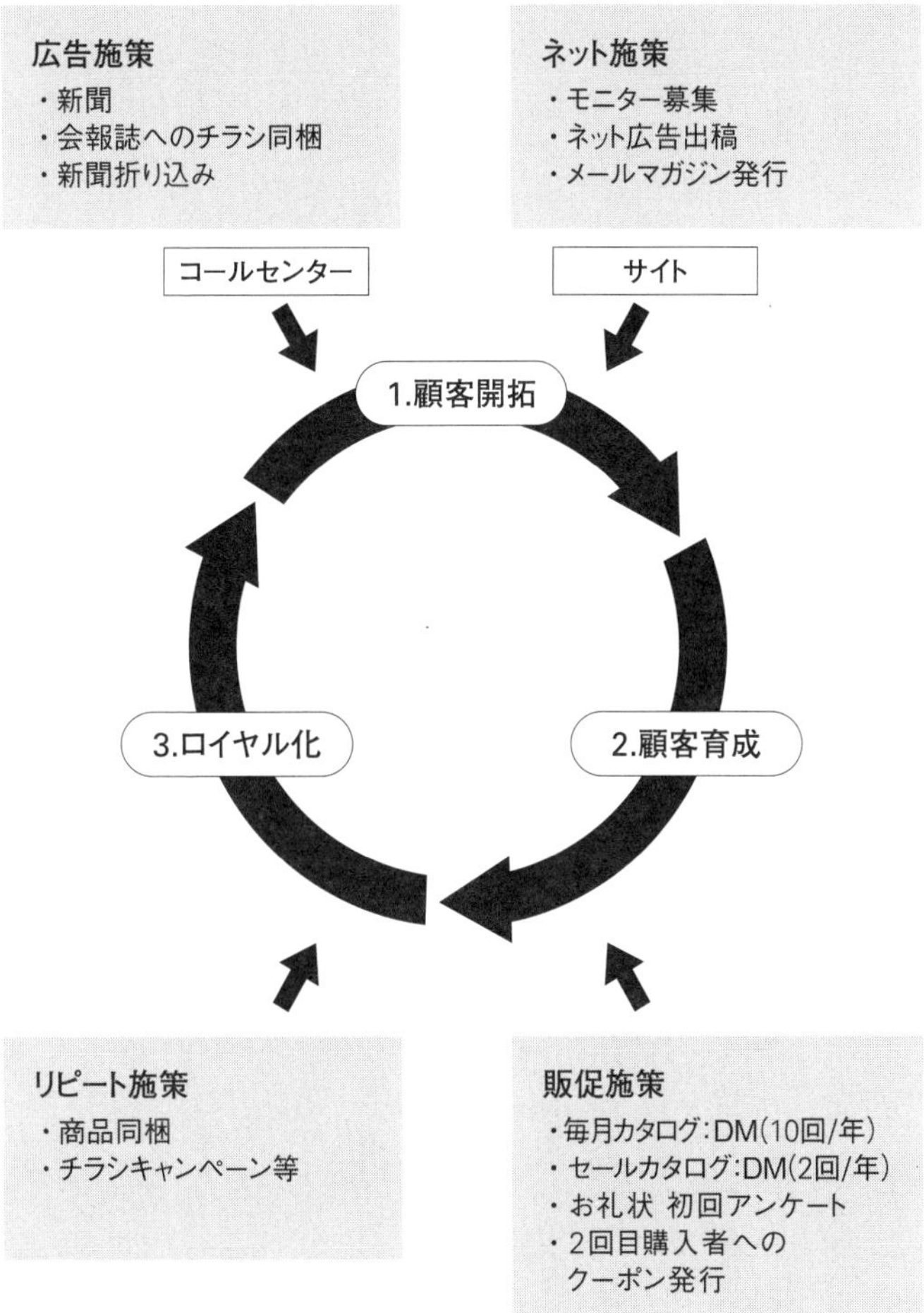
広告施策
・新聞
・会報誌へのチラシ同梱
・新聞折り込み
ネット施策
・モニター募集
・ネット広告出稿
・メールマガジン発行
コールセンター
サイト
1.顧客開拓
2.顧客育成
3.ロイヤル化
リピート施策
・商品同梱
・チラシキャンペーン等
販促施策
・毎月カタログ:DM(10回/年)
・セールカタログ:DM(2回/年)
・お礼状 初回アンケート
・2回目購入者への
クーポン発行

カタログ発行を頻繁にしてブランド認知を高める

『ブリアージュ』では、この状態から抜け出して「『ブリアージュ』っていいね」というブランドへの強い印象を持ってもらうことこそが、リピートにつながると考えている。そのために行わなければならないのが、購入して間もないタイミングで、何らかのアプローチをかけることだ。

利用客がその商品及びブランドに対してもっとも敏感な反応を見せるのが、購入した直後だからだ。時間が経てば経つほど、それは薄れてしまう。タイミングを逃さずにアプローチをかける必要があるわけだ。

具体的に『ブリアージュ』では、購入から1カ月以内に、購入者に次のカタログを送付している。多くのアパレル系通販では、季節ごとのカタログ発行が行われているが、ブランド認識を促進するという意味も含め、月1回と発行頻度を上げているのだ。

他にも、カタログを送る際の同梱ツールとして挨拶状や来月のいち押し商品の紹介チラシを入れたり、スポットで販売促進のハガキを送ることもある。このようなアプローチを短いスパンで行うことが、「あの商品は『ブリアージュ』で買った」と認識させることにつながるのだ。

図表18　『ブリアージュ』の同梱プレゼントや挨拶状の例

アパレル通販ではアウトバウンド・コールがしにくい

シニア通販では、特にサプリメントや化粧品などの美容・健康系商品を扱っている場合、電話による営業、つまりアウトバウンド・コールが積極的に行われる。化粧品や健康食品では、「効果はいかがですか」「お肌に合いましたか」「ご使用後の体調はいかがですか」など、カウンセリングを行うという名目での電話がしやすい。そこから、定期購入などの営業に持っていくという流れが作りやすいのだ。

また、単品通販の場合はお試し品やトライアルの仕組みを使っているケースが多く、そこから定期購入を勧めるためにもアウトバウンド・コールは欠かせないものとなっている。

しかし、バリエーション通販のアパレルでは、それがしにくい。「ご購入いただいたブラウスはどうですか」という電話をかけられても、利用客は困ってしまう。電話の口実が探しにくく、露骨な営業とも思われかねない。

さらに、単品通販は比較的利益率が高く、アウトバウンド・コールを行ってもペイできる。それに対し、アパレルは利幅が薄いため、電話を活用しにくい。ワンコールでおよそ200〜300円というコストがかかるため、これを回収できるだけの結果が得られなければ、意味がない。

さらに、アウトバウンド・コールは固定電話に行うため、在宅率も大きく影響する。かけ直しの手間を考えても、アパレルにとってはコストがかかる割にはリターンが少ないということになってしまう。

『ブリアージュ』でも、アウトバウンド・コールは現在、行っていない。

どこのブランドでも「楽天で買った」

当社が以前行った調査では、通販で購入した商品のブランド名やショップ名をきちんと覚えている人は非常に少なく、「楽天」などモール名を答える割合が高かった。通販のブランド名は、利用者に非常に認識されにくいものなのだ。

しかし、一度購入履歴をつけた利用者が、次に通販でアパレルを探したとき、「『ブリアージュ』から買いたい」と思わせることができなければ、いつまでたってもリピート客は獲得できない。常に新規顧客を開拓し続けるには、予算の面でも企業にとって大きな負担となる。

では、どうすればいいのだろうか。

もちろんまずは、商品の魅力や価格訴求によりカタログ請求や商品の購入を行ってもらう必要がある。それと同時に、ブランドを認識してもらい、さらにその後、リピーターになってもらう仕掛けづくりを行うのだ。

そこで有効な手段となるのが新聞広告である。

カタログを月1回発行する、会報誌を発行する、フリーペーパーにチラシを折り込む。この3つを行っても、利用客との接触頻度は月に1~2回程度だろう。

しかし、新聞に週1回程度の広告を掲載するだけで、顧客には「この広告よく見る」という認識が生まれる。決まった曜日に、決まったページの、決まった場所に、同じデザインの広告を打つのがポイントだ。

これによって、顧客の中にブランドのイメージが刷り込まれ、「いつものアレね」という認識が生まれる。これが、ブランドの認知度の高さにつながっていくというわけだ。

また、新聞という媒体に広告が載っていることは、利用者にとっては強い安心感を与える。とくに、シニアは新聞に対する信頼が高いため、「○○新聞に載っているこのブランドなら安心」というイメージ付けにつながってくる。

実際、『ブリアージュ』で行ったグループインタビューでも、「通販はよく分からない会社からは買わない」「信頼できる会社なら買う」などの声が上がっている。価格や品質もさることながら、信頼や安心が購入意欲を左右するのは、こだわりの大人女性ならではの特徴と言えるだろう。

では、どの新聞にいつ載せればブランド認知力が高まるのか。一般的に、通販会社で行われる媒体テストは、いくつもの媒体に対して細かく出稿を行い、反応の良かったところだけを継続していく方法だ。しかし、反応の良かった媒体も、そこのみに繰り返し掲載していると、広告を目にして反応する顧客はどんどん減っていく。

これを回避するためには、いくつかの新聞を利用し、反応の落ちてきたものは休ませて、次の媒体に移す。しばらく経ったら、休ませていた媒体に再出稿するなど、入れ替えを行っていくことが不可欠だろう。

潜在読者へのアプローチ

新聞を選択する場合、やはり発行部数が多いほうが望ましい。なぜなら、自社の広告を見ていない潜在読者の数がそれだけ多いと考えられるためだ。

すべての読者が毎日、新聞の隅々まで読んでいるとは限らない。テレビ欄や社会面、生活情報面の記事だけを読み、その他の部分は目には入っているが読んではいないという人も多い。このような読者に対し、定期的に広告を出稿し続けることで、「この前も見たような……」という気づきを引き出すことができるのだ。

このように、通販における「ブランド戦略」と「リピーター育成」のためには、新聞を中心にカタログ、チラシ、テレビなどのクロスメディアによって、予算の許す限り接触頻度を高めることが重要だ。

(2)『北海道アンソロポロジー』のビジネスモデル

【ポイント】
・単品通販
・体験セットから定期購入へつなげる
・定期購入者の28%は10年以上継続

体験セットが終わるタイミングでアウトバウンド・コール

「女性ホルモン」というキーワードに敏感に反応する50代からの女性をターゲットとする『北海道アンソロポロジー』にとって、顧客アプローチはさほど難しいものではない。問題は、リスト化された顧客を、継続して定期購入に持ち込むことだ。

同社では、まず５００円(税込)で購入できる体験セットを販売。内容は10日分のサプリメントで、「あまり悩まなくて買える値段」に設定している。そして、この体験セットを申込者に送るとき、同梱ツールとして定期購入へのオファーが書かれた手紙を添えている。

最大で初回半額で購入できるという特典があり、さらに特典の有効期限を体験セットの出荷日から12日間に限定している。

体験セットでは10日分のサプリメントが届くわけだが、これを使い切る頃に、半額特典がついた定期購入申し込みの期限がくる。やや性急とも感じられるが、10日間サプリメントを服用し、何らかの良い効果を実感できた場合、「続けてみようかな」という気持ちになるだろう。そのタイミングを逃してしまうと、「やっぱりいらないかな」と購入意欲が少しずつ低下してしまう。これを防ぐために、期限を設けているわけだ。

実際、体験セットを購入した利用者の、およそ25％が特典期限内に定期購入へと進んでいる。また、25％のうちの12％程度は、お試しセットが届いてから7日目ぐらいに自ら定期購入を申し込んでくる。これは、特典期限の効果であると考えられる。

図表19　『北海道アンソロポロジー』のビジネスモデル

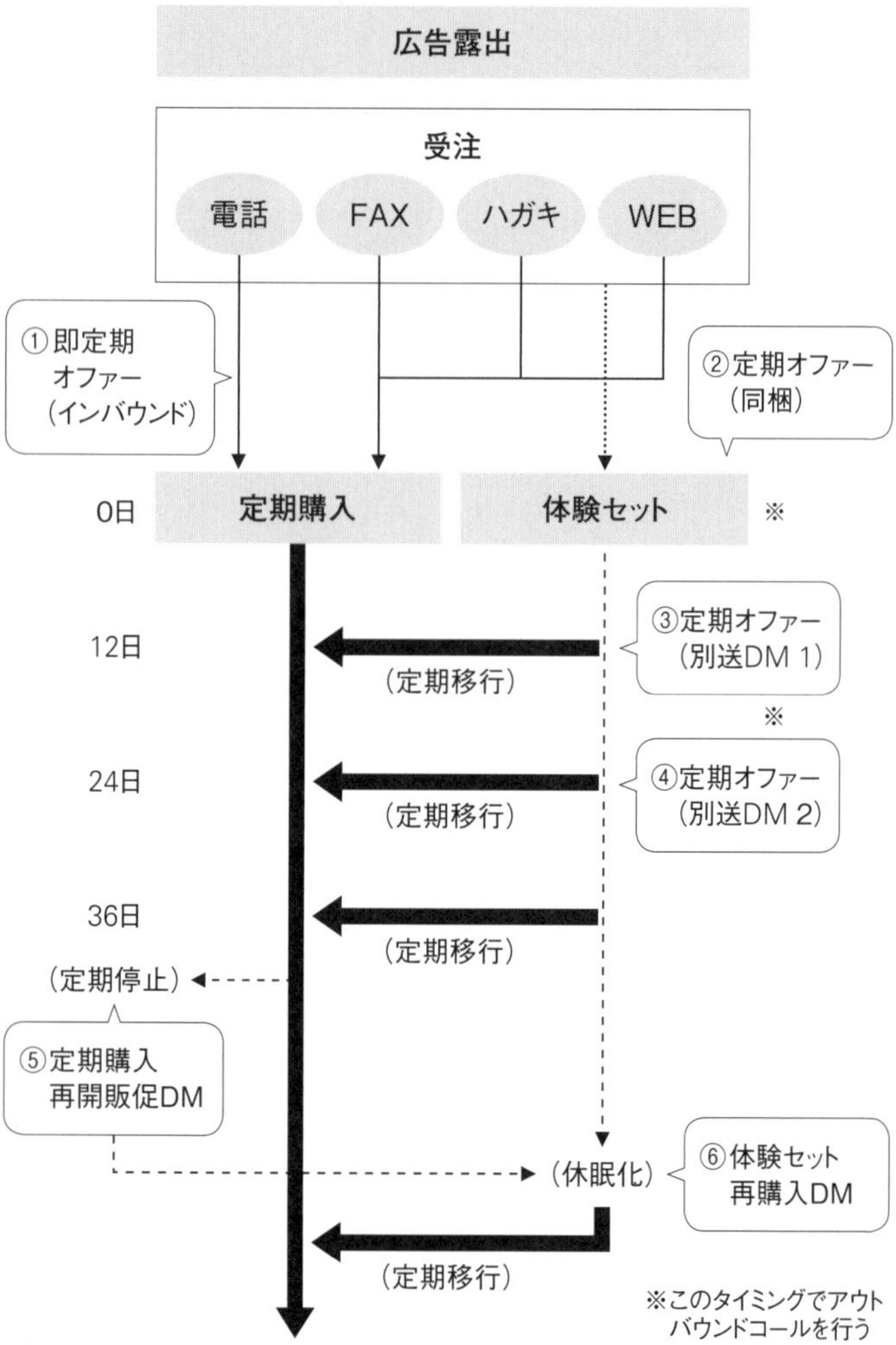

「一番お得より二番目にお得ぐらいでいい」

反応のない残りには、電話によるアウトバウンド・コールをかけて定期購入化を促す。チラシに書いてある内容をあえて電話口でも説明し、「12日以内に定期購入申し込みを行うと半額になりますよ」とプッシュすることで、定期購入客へと引き上げるわけだ。

定期購入では、お届け本数とペースが選べるシステムを設けている。毎月1本以上から購入でき、2カ月ごと2本、3カ月ごと3本などが選べる。比率としては、3カ月ごと3本以上を申し込む顧客が全体の70％と最も多い。

アウトバウンド・コールをかけても、たとえ価格がお得になっても、「定期購入」というスタイルには拒否反応を示す利用客も少なくない。そのような利用客には、割引はないが通常購入をプッシュすることで、1回1本ずつの注文も受け付けている。

3カ月ごとに3本という申し込みが最も多いのは、チラシやホームページに「人気プラン」と打ち出して誘導しているためと考えられる。また、割引率としては3カ月に6本が25％OFFともっともお得だが、「一番お得よりも二番目にお得ぐらいでいい」という日本人特有の感覚が現れていると見られる。

客単価を上昇させるまとめ買い

定期購入を勧める際、1本ずつの購入では10%OFF、6本ずつの購入なら25%OFFと最もお得だが、「一番人気なのは3本で20%OFFのプランですよ」という誘導も行っている。**購入したい気持ちはあるが、もうひとつきっかけが欲しいという顧客の背中を押すテクニックと言える。**

また、客単価の上昇を考えても、3本購入が有効だ。例えば、2回目で購入をやめるという顧客に対して、1カ月ごとに1本の販売ではトータルで1本しか売れなかったことになる。しかし、最初に3本届いていれば、2回目の購入はなかったとしても、ひとりの顧客に3本、3カ月分売れたことになる。

『北海道アンソロポロジー』の顧客は、その商品の性質上、長いリピーターであれば16～17年購入をし続けている。また、顧客全体の35%ほどが10年のリピーターだ。このような顧客は、お客様アンケートなどを行うと、そのリピート年数を積極的にアピールしてくる傾向がある。それは企業にとっての宝であることは間違いない。ただし、長年の「お得意様」が多いことに甘えを持つと、商品力や企業力が一気に低下してしまうので注意が必要な点だ。

図表20　「ミラクルクイーン」の定期購入DM

（3）『豆腐の盛田屋』のビジネスモデル

【ポイント】

・単品通販
・コールセンター対応
・100円石鹸やお試しセットから定期購入へつなげる

価格の安い商品を入り口にする

看板商品である豆乳石鹸を、顧客開拓用の導入商品として位置付けている『豆腐の盛田屋』では以前、通常価格1200円の商品を小型化し、100円のお試しセットとして販売していた。

同社の豆乳石鹸は、その原材料から製法に至るまで、人の手をかけた非常に丁寧な作業が不可欠な商品だ。実際に、同じ枠練り製法で作られた他社の石鹸は、配合される成分に違いはあるが3000円ほどの価格帯で売られているのが通常だ。

しかし、同社では手軽に使ってもらいたいという思いから、価格を限界まで抑えてサン

図表21　『豆腐の盛田屋』のビジネスモデル

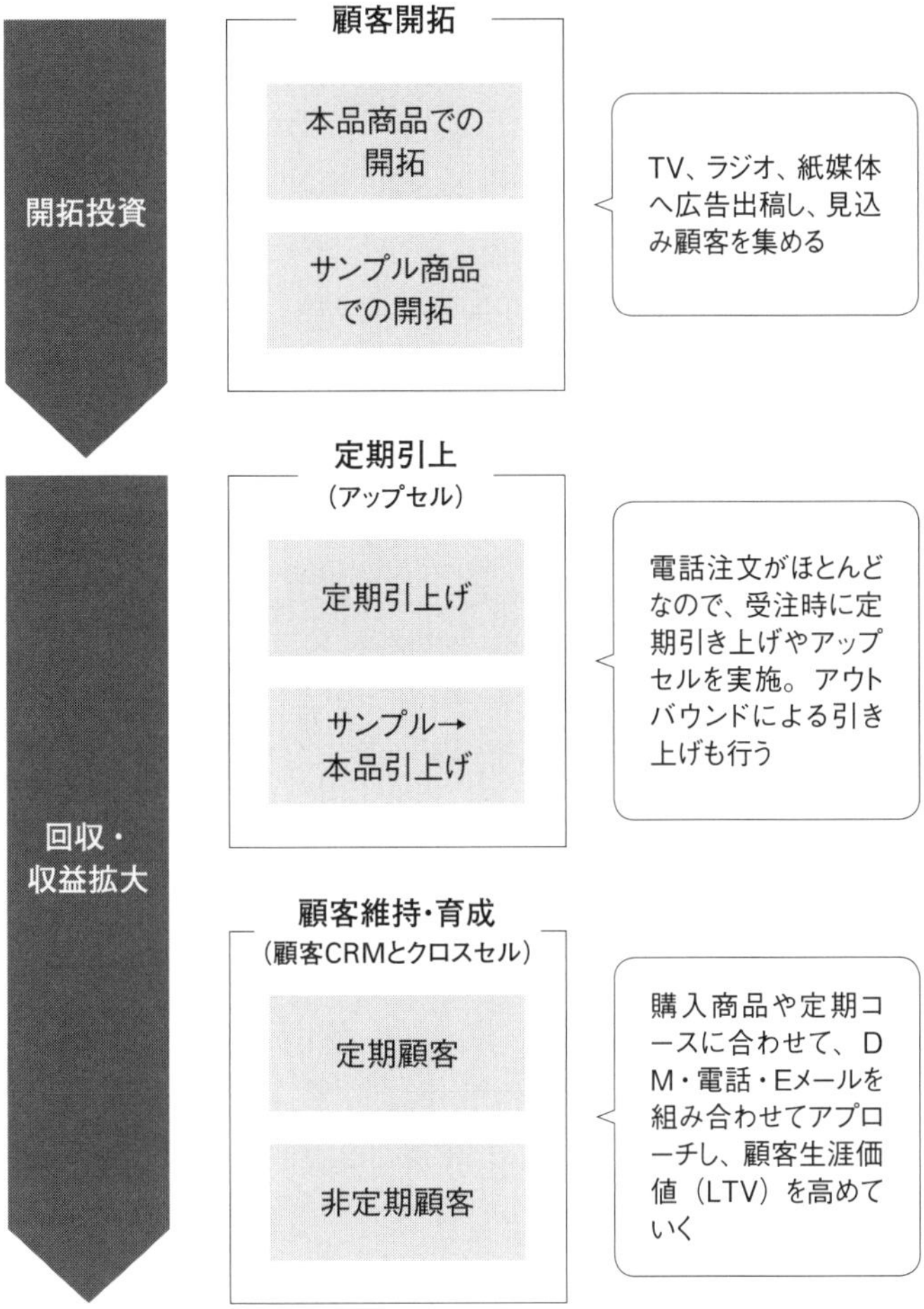
開拓投資
顧客開拓
本品商品での開拓
サンプル商品での開拓
TV、ラジオ、紙媒体へ広告出稿し、見込み顧客を集める
回収・収益拡大
定期引上
（アップセル）
定期引上げ
サンプル→本品引上げ
電話注文がほとんどなので、受注時に定期引き上げやアップセルを実施。アウトバウンドによる引き上げも行う
顧客維持・育成
（顧客CRMとクロスセル）
定期顧客
非定期顧客
購入商品や定期コースに合わせて、DM・電話・Eメールを組み合わせてアプローチし、顧客生涯価値（LTV）を高めていく

プル化。これには、豆乳石鹸を入り口にして、他の豆乳配合の化粧水や美容クリームなどのラインを購入してもらいたいという狙いもあった。

現在、100円のお試しセット中心の新規開拓は行っていないが、豆乳ローションなどの新規開拓は継続している。

2013年10月からは、豆乳石鹸を除く商品の定期販売も開始した。例えば、豆乳ローションであれば、通常価格3024円のところ、1カ月1本のコースで初回は半額の1512円、2回目からは15%OFFの2570円。3カ月に3本のコースでは、初回が半額の4536円、2回目以降は25%OFFの6804円というシステムだ。

お試しセットを有料にする意味

お試しセットで注文をもらったら、次はDMを送ったり、電話によるアウトバウンド・コールを行い、本商品への販売へと結びつけていく。

お試しセットの価格設定では本品商品の価格にもよるが、基本的に安ければ安いほどレスポンスは良くなる。

それなら無料のほうがいいのでは、と思うかもしれない。確かに「無料サンプルプレゼント」を行っているケースは非常に多い。しかし、無料は良いことばかりではない。

リスト集めには大いに役立つが、その後、リピート客を確保できる確率には疑問が残る。無料に集まる客は、単に「無料である」という魅力しか見ていない傾向があるため、「この商品を売っていきたい」という販売側の思いとは大きなズレが生じる。

たった100円でも、お金を払って購入するという行為は、リピーター作りのための第一次選抜になることは理解しておくべきだ。

「100円はいただかない」ことでリピーターを掴む

その一方、『豆腐の盛田屋』では100円のお試しセットで「100円サンプルの100円をいただかない」という取り組みも行ったことがある。100円で石鹸を買いますと手を挙げてくれたお客様に商品をお送りした際、パンフレットの他にローションのサンプルや石鹸用の泡立てネットなどもサービスとして同梱し、そこに添える手紙に「今回のご縁を大切にしたいので、100円は辞退します」と記していたのだ。「今回は料金は一切いりませんから、もし商品を気に入ってもらえたらぜひ次回からもご注文ください」というアピールを行ったわけだ。

実際、100円を回収する手間とコストの方が高くつくため、無料にするのが手っ取り早い。しかし、まずはお金を払ってでも購入したいと思う顧客を掴み、その100円はやはりいらないとすることで、サービスをアピールするのである。

このような取り組みはリピーター作りにもひと役買った。「お礼の気持ちを伝えたい」と、わざわざ電話や手紙でコンタクトを取ってきた顧客もいた。こだわりの大人女性には、誠意を見せることがリピーター化への後押しにもなるのだ。

なお、『豆腐の盛田屋』の売上は長年、大きく増えなければ、減少もないという安定した状態だった。しかし、2013年度からは売り方を見直しつつある。

これまでは、電話によるアウトバウンド営業が主体だったが、どうしても担当者のスキル頼みになる。そこで、アウトバウンド営業は継続しつつ、テレビのインフォマーシャルなど新たなプロモーション手法を追加。正しい成長曲線を描くため、新たな試みを始めているところだ。

図表22　『豆腐の盛田屋』の休眠顧客発掘DM

大創業祭キャンペーン実施中！　【期間】7月31日（木）まで
※当日消印有効

商品名	金額（税込）	個数
豆乳せっけん自然生活	1,296円 → 1,231円	
豆乳ろーしょん自然生活	3,024円 → 2,872円	
豆乳くりぃむ自然生活	5,184円 → 4,406円	

福箱セット【価格（税込）】	個数
盛田屋満足セット 19,872円 → 10,800円	
盛田屋充実セット 9,504円 → 5,400円	
盛田屋お得セット 40,824円 → 21,600円	
紫外線・肌年齢対策セット 21,364円 → 10,800円	
花酵母詰め合わせセット 12,744円 → 8,499円	

※上記以外の商品をご希望の場合は空欄にご記入ください。

「豆乳ろーしょん自然生活」、「豆乳くりぃむ自然生活」は、お得な定期コースもございます。詳しくはフリーダイヤルまでお問い合わせください。

ポイント使用欄　ポイント

※ご使用になるポイント数をご記入下さい。1ポイント単位でお使いいただけます。

お届け時間指定	お届けの時間の□の中に✓印をご記入下さい。 □指定なし　□午前中　□12:00～14:00　□14:00～16:00 □16:00～18:00　□18:00～20:00　□19:00～21:00
お支払い方法	お支払い方法の□の中に✓印をご記入下さい。 □後払い　□代金引換　※ご記入がない場合は、代金引換といたします。
	クレジットカード支払いをご希望の場合、お手数ですがお電話にてご連絡下さい。（TEL:0120-486-112） FAX送信でもご注文いただけます。（FAX:0120-722-811）

●送料について／合計金額が5,000円以上（税込）お買い上げで送料無料。5,000円未満の場合は、全国一律通常便410円（税込）。
●返品について／返品をご希望の場合は、商品到着後8日以内に未使用の状態で、送料はお客様の負担にて当社へご返送下さい。

豆腐の盛田屋　0120-486-112
お電話でご注文の際は Q607とお申し付け下さい。

第3章のまとめ

□ バリエーション通販よりも単品通販が始めやすい

□ 休眠顧客を作らない取り組みが必須

□ 電話での関わりはこだわりの大人女性に効果あり

□ 接触頻度を高めてブランド認知を上げる

□「お試し」から「定期購入」への引き上げはタイミングが大切

□「お得感」のアピールにはいくつかの選択肢を用意するのが有効

第4章

効率的なプロモーション表現の選択

1. 消費者心理のプロセスを理解する

AIDMA（アイドマ）の法則

アメリカの販売・広告に関する実務書の著作者であったサミュエル・ローランド・ホールは、著書の中で広告宣伝に対する消費者の心理のプロセスを**AIDMA（アイドマ）の法則**として紹介している。

AIDMAとは、Attention（**注目**）→Interest（**関心**）→Desire（**欲求**）→Memory（**記憶**）→Action（**行動**）の頭文字を取ったもので、消費者がある商品を知り、購入という行動に至るまでの心理を知るうえで役に立つ。

AIDMAのプロセスはまた、大きく分けて「認知段階」「感情段階」「行動段階」の3つに分けられる。この段階ごとに消費者の心理は変化するため、プロモーション表現もそれに合わせて調整する必要がある。

認知させて感情を刺激し、行動させる

まず、「認知段階」であるAttention（注目）だ。当然、商品やブランドを知ってもらうことが重要であり、消費者の注目を引くことが第一歩となる。注目することで初めて、消費者は商品やサービスの存在を認識する。

この段階で行うべきは、**テレビCMや、新聞・雑誌広告といった、メディアへの露出**だ。たとえ、消費者にブランドや商品の名前をしっかりと印象付けるまではいかなくても「これ、前にも見た」「どこかで聞いたことがある」など、何らかの印象を残すことができれば、認知段階はひとまず成功と言えるだろう。

次の段階は「感情段階」で、消費者のInterest（関心）とDesire（欲求）、Memory（記憶）を満たす取り組みが求められる。

認知に成功しても、消費者にとって「必要かもしれない」という関心が湧かない限り、認知はあっという間に消滅してしまう。そこで、**商品の特徴、あるいは価格などをプロモーション表現の中に織り込む**ことで、消費者のInterest（関心）を高めていく。

例えば、「豆乳石鹸　新発売！」というコピーと、「天然成分の働きで肌を優しく洗う豆乳石鹸　新発売！」と紹介するコピーでは、消費者の関心の度合いに大きな違いが出る。あ

るいは「豆乳成分に酵母をプラスした豆乳石鹸　新発売！」など、従来品との違いを強調するのもいい。

「注目」して「興味」を持った消費者に、さらに一歩進んで「欲しい」という感情を抱かせるには、もうひと押しが必要だ。

一番効果的なのは、**購入という行動を起こすことでもたらされる「メリット」をアピールする**ことだ。

例えば石鹸の場合、「天然成分で肌を優しく洗う」ことによって「肌のキメが整う」「しっとりした肌に生まれ変わる」など、商品の特徴がどのようなメリットにつながるのかを訴求する。ここまで来て初めて、「この商品が欲しい」というDesire（欲求）を抱くわけだ。

Memory（記憶）の段階で消費者は、記憶に残った情報から購入の検討に入る。すでにDesire（欲求）の部分は満たされているが、欲しいものを何でも買えるわけではない。「本当に買うべきか」「今買うべきなのか」「買って損はないか」など、様々な検討を行う。この段階を突破して、いよいよ購買に進ませるには、購入が正しいと思わせる情報を提供することだ。

例えば「愛され続けて20年」「売り上げ１００万個突破」「女優○○さんも愛用！」などのように、「買うのが良い」と思える根拠をどれだけ打ち出せるかが鍵となる。これによって、購買の意思が固まり、次のプロセスへと進むことができる。

「買えない理由」を解消する

「行動段階」のAction（行動）では、買うという行動を促すわけだが、購買意欲があっても、消費者にとっての「買えない理由」が購入の妨げになることがある。例えば、リアル店舗であれば「重くて持って帰ることが困難」といったケースだ。この場合、宅配サービスなどを提供することで解消するが、通販では物理的な阻害要因はないので問題はない。

しかし、通販でも購入の妨げになる要因はある。まず、「価格が高い」こと。これは、「定期購入やまとめ買いで○％ＯＦＦ」などの工夫によって解消できる。シニア通販では「購入の仕方が分からない」ということも起こりがちなので、ハガキでの申し込みや、コールセンターの設置で電話申し込みできるようにするのがいい。

ネットによる申し込みのみに絞るのであれば、**購入ページを分かりやすく作る**ことが大切だ。購入ボタンを分かりやすくし、逆に何段階もページを進むような面倒な仕組みは避けた方が無難だ。購入がスムーズに行えれば、購入行動に対する満足度も高まり、リピート率の向上につながるだろう。

ネット時代の購買行動「AISAS（アイサス）の法則」

通販のプロモーションに着手する場合は、AIDMAの法則の他に、「**AISAS（アイサス）の法則**」も頭に入れておくといい。

Attention（**注意**）→Interest（**関心**）→Search（**検索**）→Action（**購買**）→Share（**情報共有**）の頭文字を取ったもので、広告代理店の電通が提唱している。

インターネット時代の購買行動を説明するモデルで、AIDMAの法則からDesire（欲求）とMemory（記憶）がなくなり、代わりにInterest（関心）の後にネット検索して情報収集したり比較検討する「Search（検索）」が追加されている。

また、最後のAction（購買）の後に、新たなプロセスとして「Share（情報共有）」が加わっている。インターネットが普及した現代では、購買後にブログやツイッターなどにクチコミが書かれることが多い。商品に満足した場合も、逆に不満を感じても、その感情がインターネットを通じて「Share（情報共有）」されるのが現代だ。これが、他の消費者の消費行動に大きな影響を及ぼす。

これらの各ステップを頭に入れておくことによって、自社のプロモーションがどのプロセスに影響を与えているか、あるいは妨げているかなどを意識することができるだろう。

2. ターゲットに訴求しやすい媒体を探る

コミュニケーションをどう積み上げるか

何よりも、プロモーションの基本は顧客とのコミュニケーションだ。それをどう組み立てていくかという戦略が必要となる。

最初の認知を満たすための接点をどう設定するか、そこからコミュニケーションをどう積み上げ、リピーターになってもらうか、常に考えなければならない。

同時に、コミュニケーションのどの部分を優先するか、重要視するかを見定めなければ、コストばかりがかかって利益率のアップにつながらないだろう。

それでは、コミュニケーションツール、つまり広告媒体はどのように使い分ければよいのか。

広告は大きく「マス媒体」「SP媒体」「インターネット媒体」の3つに分けることができる。

マス媒体には、テレビ、新聞、雑誌、ラジオなどがあり、どれも発信した情報がターゲットに届くリーチ人数が圧倒的に多い。しかし、その分コストも高いため、いつ、どこに、どのような形で出すかを熟考しなければならない。

通信販売のプロモーションで特に使われるのは、新聞とテレビだ。

新聞の場合、日本では90％以上が自宅に届けられる定期購読のため、テレビとは異なり確実に各世帯で目を通してもらえるという利点がある。また、社会的な信頼度も高く、公共性に優れた媒体のため、掲載される商品に対しても信用度が増す。とくに、こだわりの大人女性に対しては、効果的な媒体と言えるだろう。

さらに、テレビとは異なり、新聞広告は自分が読みたいときに読むことができる。切り抜きなどをして保存ができるという特徴もある。読者が自分のペースで広告に目を通すことができるため、いつの間にか流れていくテレビよりも記憶性が高い。通販の申し込み電話番号や商品の名前、価格などの情報も、確実に届けることが可能だ。これは、通信販売広告にとっては大きな利点と言えるだろう。

効率のよい広告パターンを探る

ただし、新聞には全国紙から地方紙、複数都道府県にまたがるブロック紙などがあり、広告費に大きな差がある。**コスト効率を考える際、新聞1部当たりいくらかかるかという「部あたり単価」を考えることが必要だ。**

例えば、発行部数が100万部の新聞で広告掲載コストが100万円かかれば、1部あたり1円となる。一方、コストが半額だが発行部数は25万部の場合、部あたり単価は2円となる。トータルの費用は安いが、1部あたりコストでみると効率が悪い。

どの媒体を選ぶかは、事業展開のスピード感によっても異なる。3年後に1億円の事業規模を狙うのか、あるいは10億円か。時間をかけずに事業規模を拡大したいのであれば、初期のリスト集めにコストをかけた方がいい。

少ないコストで始めたいのであれば、地方紙を選ぶのが良いだろう。地方紙で広告表現の検証をするという手もある。2種類の広告を同じエリアに展開し、スプリット・ラン・テストを行いやすいのも地方紙だ。

スプリット・ラン・テストはA/Bテストとも呼ばれ、一部の要素だけを変更した複数の広告を同じ環境で露出し、最も効果の高いパターンを発見するテストのことだ。これによって、より効率の高い広告表現を見つけることができる。

単品通販を訴求しやすいインフォマーシャル

ＴＶ広告も通販ではよく利用される。日本人の9割が毎日テレビを視聴しているといわれ、通販にとっては抜群の広告媒体と言える。広範囲に一斉に告知することが可能で、提供番組や時間帯の選択でターゲットを絞ることもできる。こだわりの大人女性であれば、昼間を狙うことで効果的なＰＲができるだろう。

コミュニケーションスピードが早いＴＶ広告は、新商品やリニューアル商品にも向いている。なにより、映像というインパクトがあるため、ブランドイメージを印象付ける効果が高い。

ただし、テレビによるプロモーションコストの高さは新聞の比ではない。そのため、まずは地方局から始めるのがいいだろう。

テレビ広告には「タイム」と「スポット」の2種類があり、タイムと呼ばれる番組提供ＣＭは30秒が基本となっている。対して、番組と番組の間に流されるスポットＣＭは15秒が基本だ。予算がかかるなどのデメリットはあるものの、継続して同じ時間帯に訴求可能なので、視聴者に対するインパクトは強い。

元々はアメリカで生まれたテレビショッピングのジャンルのひとつである、インフォマ

ーシャルも効果が高い。インフォメーション（情報）とコマーシャル（広告）とを掛け合わせた造語で、長いものでは1時間近くかけて商品情報を紹介する手法だ。

20年ほど前から始まった新しい形の広告だが、今や通販におけるテレビ広告としては、インフォマーシャルが主流と言っても過言ではない。

インフォマーシャルは60秒以上を指すことが多く、現在は29分のものが一般的だ。ひとつの商品の情報をこれだけの時間をかけて詳しく紹介していくため、認知度をアップさせることが目的の一般的なCMと比較すると、レスポンス効果も期待できる。

リアル店舗を持たない通販事業者にとって、インフォマーシャルは商品を手に取ることのできない消費者に対して商品の魅力を伝え、説得し、体験者の感想までをPRできる、非常に有力な媒体と言える。

AIDMAの法則によるAttention（**注目**）→Interest（**関心**）→Desire（**欲求**）→Memory（**記憶**）→Action（**行動**）というプロセスも、一気に満たすことができる。

新聞とテレビという媒体は、こだわりの大人女性からの反応が最も強い、主要媒体と言える。F1層では、多くが新聞を読まず、テレビ離れも進んでいるため、効果が図りにくい。

それに対し、こだわりの大人女性にとってはまだまだ有効なツールだ。単品通販が即受注を取るためのツールとして、あるいはアパレル通販で取り扱うロングテール型の商材を詳しく説明するため、有効利用すべき媒体だ。

侮れないDMの効果

マス媒体以外では、DMや折り込みチラシ、あるいは会員情報誌への同梱なども効果的なプロモーションツールとなる。

DMの場合、顧客リストさえ持っていれば直接ターゲットに届けることできる。送るタイミングや広告のデザインなどが的確であれば、費用対効果の面でも優れたツールとなり得る。

新聞折り込みチラシも同様で、サイズやエリア、入れる時期などをある程度自由に決められるため、確実にターゲットを狙うことができる。また、新聞と一緒に届けられるため、信頼度も高い。とくに、比較検討が好きなこだわりの大人女性には、他にも折り込まれている他社のチラシと並べて見比べるなど、生活情報のひとつとして楽しまれる傾向もある。

チラシは新聞折り込みだけでなく、会員情報誌などへの同梱ツールとしても活用できる。たとえば、シニア向け旅行情報誌の中にアパレル通販のチラシを入れれば、旅行に着ていく新しい洋服を買おうとするこだわりの大人女性にリーチすることができるだろう。

シニア向けの健康情報誌なら、サプリメントや健康食品のチラシが効果を発揮する。健康情報誌を読む層は、自分の体に関心が高いため、これらのチラシは高い確率で読まれるはずだ。

プレゼントキャンペーンも、こだわりの大人女性の心をくすぐるツールとなる。商品を購入しなくても誰でも応募ができるオープンキャンペーンや、対象商品の購入者のみが参加できるクローズドキャンペーンなど、商品の知名度を上げたり、リピーター育成にも役立つはずだ。

ネットによるプロモーションの可能性

ネット広告も有効なツールとなりえる。

最も代表的なものとしては、様々なホームページなどに掲載される、「バナー広告」と呼ばれる画像広告がある。関心を持ったユーザーがバナー部分をクリックすると、その商品の販売ページに飛ぶ。バナー広告はまた、ページビューの多いサイトに掲載することで、商品やブランドを認知させる「インプレッション効果」も期待できる。

最近では、ネットCMも増えてきた。テレビCMとは異なり、時間の制限がないので長編ムービーなどエンターテインメント要素の高い内容を提供できる。ただし、ネットの閲覧の際、敢えてそのページに止まって最後まで視聴されるかは、ＣＭのクオリティが大きく関わる。ネットリテラシーのさほど高くない層には、まだ有効とは言えないかもしれない。

検索キーワード連動型広告とも呼ばれる「リスティング広告」は、検索エンジンでキーワード検索した際に、結果とともにテキストで表示される広告だ。

例えば、「サプリメント　更年期」などのキーワードで検索する人は、更年期に見られる症状の改善を目的とした商品の購入を検討しているこだわりの大人女性である可能性が高い。そのターゲットに向けて、検索結果の画面に表示されるのがリスティング広告だ。検索ワードと関連した広告が表示されるのでターゲティングが容易であり、プロモーションが低コストでできる。

こうしたネット広告は比較的、コストの安い媒体だ。更新の頻度の面からも使いやすい。アパレル用カタログなどは月刊や隔月刊で発行されるのに対し、ネットは毎日でも、もっと言えば毎時間でも更新ができる。常に最新の情報が提供できるというのは、他の媒体と比べた場合の優位点だ。また、メールやＳＮＳによって、個対個のコミュニケーションが取りやすいという特徴もある。

いずれの媒体を選ぶにせよ、どのようなプロモーションを行うかはやはり、ターゲットを詳細に把握し、商品の特性を分析し、ターゲットの購買動向に合わせて組み立てることだ。

それがおろそかになっていれば、コストをかけて大々的にプロモーションを行っても、ネットの最新ツールを利用しても、効果的な訴求はできないだろう。

3. スクロール関連3社のプロモーション例

(1)『ブリアージュ』のプロモーション

【ポイント】

・各種媒体を試し効果測定を行う
・新聞カラー全5段広告のCPOが最も良い
・カタログでは「マイナス10歳の法則」「1ページ1商品」「ディティールと素材感を詳しく」

CPO（コスト・パー・オーダー）を追求

『ブリアージュ』がターゲットとするのは50～60代の女性だ。ブランドの立ち上げ時には、このターゲット層にカタログを送るためのリスト集めが最初の課題であった。そこでグループインタビューを行い、彼女たちがどこから情報収集をしているのかを調査したところ、圧倒的に新聞とテレビが多かった。

そこで行ったのは、新聞への広告出稿だ。テレビＣＭによるインパクトは絶大なものがあるが、コンテンツ作成に女優などの芸能人を起用するだけで数千万円かかる。ＣＭの制作料や電波代などを含めると、億単位の宣伝費が必要となってくるため、断念した。

また、『ブリアージュ』のようなバリエーション通販の場合、商品を買ってもらう前にカタログを希望してもらう必要がある。しかし、テレビＣＭは情報がどんどん流れていってしまうため、カタログの請求先などじっくりと情報を伝えるには向かない。その点、新聞の方が有効であると考えたのだ。

媒体としては、朝日、読売、日経新聞など主要な全国紙を選択している。出稿のタイミングは、主に夕刊と、土曜日版、日曜日版である。なぜ、夕刊や週末版を選択しているのか。これは、ターゲットがこだわりの大人女性であるためだ。

図表23　『ブリアージュ』の広告例

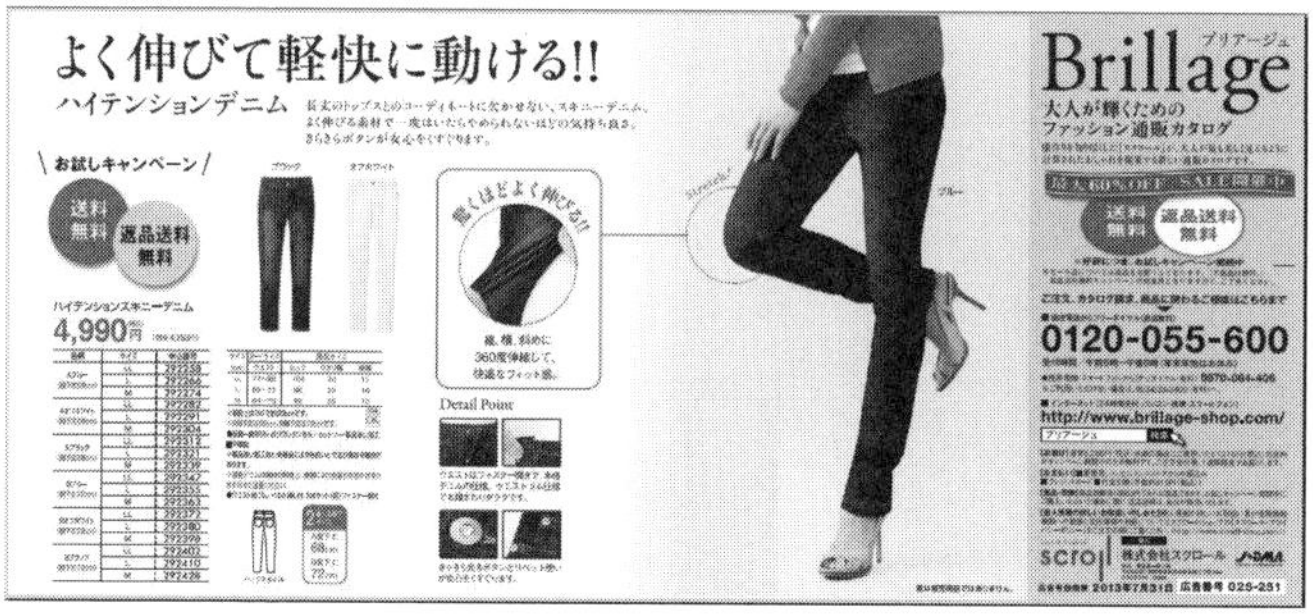

実は、こだわりの大人女性の手元には朝刊が残りにくい。なぜなら、シニア男性、つまり夫が電車の中で読むために新聞を持って出勤してしまうケースが多い。しかし、夕刊や週末版は家庭にいる主婦層の目にもとまりやすい。このような理由から夕刊や週末版を選択しているのだ。

広告の大きさとしては、全5段に絞っている。いくつかテストした結果、**CPO（コスト・パー・オーダー）**の面でもっと成績がよかったためだ。3段広告の場合、掲載コストが安くなってもインパクトが弱く、受注が伸び悩む。逆に、15段広告にすればインパクトは強く、掲載品目も増やせるが、受注数にはあまり変化が見られなかった。

また、カラーでの出稿にもこだわってい

る。アパレルは色のトーンや素材の質感はカラーでなければ伝わらないからだ。スペース的には1品目を載せるのが限界だが、逆にそれがシンプルで分かりやすい表現につながる。結果として受注に結び付くのは、全5段のカラー広告が最適なのだ。

ちなみに費用対効果の測定方法としては、コストを新規顧客の獲得人数で割り、1人あたり獲得するのに、どれぐらいかかったかを計算することで導き出されるCPA（**コスト・パー・アクイジション**）もある。例えば、100万円の広告コストをかけ、2000人の新規注文があった場合、1人の新規顧客を獲得するに当たり500円かかったことになる計算だ。

コラム　CPO、CPAについて

CPO（注文獲得単価）

ひとつの注文を獲得するのにかかった費用のこと。注文全体、つまり新規顧客も既存顧客もすべてを対象にした獲得単価を指す。

CPO＝広告費÷注文数

CPA（新規顧客獲得単価）

掲載した広告を経由してサイトを訪れた人が商品を購入したり、有料会員登録をするなど新規顧客の獲得に結びついた場合に、その人数あたりの費用を指す。

一般的に既存顧客率、顧客のリピート率が高まればCPAは高くなる傾向にある。

CPA＝広告費÷新規顧客数

カタログにおける「マイナス10歳の法則」

カタログの作り方にも様々なノウハウがある。

例えば、モデルの選び方だ。こだわりの大人女性をターゲットとするから、モデルにもシニアを起用するかと言えば、そうではない。**基本的に、10歳若いモデルを使うのが望ましい。**

実際にファッションの場合、40代をターゲットにして広告を行っていくと、50代の顧客が付くという傾向がある。意図していたところのプラス10歳に訴求力が高くなるのだ。『ブリアージュ』の場合、50～60代の女性を想定して商品開発を行っている。カタログのモデルに50～60代の女性を起用すると、実際には70代の女性の顧客が増え、着心地や使い勝手にズレが生じてしまう。このような事態を招かないため、モデルにはターゲットのマイナス10歳を起用するのである。

また、『ブリアージュ』では百貨店品質を目指していることから、広告ではブランドの価値観や高級感を押し出したクリエイティブを心がけている。

具体的には**カタログの場合、1ページ1商品を基本とし、商品イメージを強く訴求している。そして、ディティールを含めた商品説明も詳しく行うようにしている。**ページに商品を詰め込むのではなく、余白を充分に取ることでクラス感を表現するためだ。

また、**モデルによる着用と商品の置き撮りの写真を両方使うのも工夫の一つだ。**モデルが着ていない商品の平置きのみ、あるいはモデルの着用写真のみのカタログが多いが、それではこだわりの大人女性の購買意欲を刺激しない。モデルによってイメージを訴求し、なおかつ置き撮りの写真で商品のディティールをしっかりと見せる。こだわりの大人女性を掴むには、ここまでする必要がある。

対比として、スクロールが以前発行していたF1層向けのカタログは、1ページの中で、何商品も掲載する作りだった。F1層に対しては、いろいろなスタイルから選ぶ楽しさを提供でき、適した表現と言える。しかし、こだわりの大人女性をターゲットとする『ブリアージュ』では、この表現は適さない。

こだわりたい要素を見やすく表現

カタログや新聞広告では、文字も若干大きくしている。これは、老眼を意識しての面もあるが、身ごろや着たけ、ウエストや太もも周りなどの商品サイズをきちんと見せる意味合いが強い。きちんと調べて納得して購入したいのが、こだわりの大人女性の傾向だからだ。

もちろん、あまり大きな文字にするといかにも高齢者向けのカタログになってしまい、商品のクラス感も表現できないため、ギリギリの線を見極める必要がある。

リアル店舗のように、実際に目で見て、触れて、確かめて買うことができない通販商品では、ディティールの説明も詳細に行うべきだ。特に、こだわりの大人女性はデザインのほか素材や品質まで非常に厳しい目を持つため、この部分の欲求を見たすプロモーション表現が絶対に必要だ。

そのため、新聞広告であっても素材についてキャッチの中で説明したり、写真を拡大して素材感をできる限り分かりやすく見せている。

(2)『北海道アンソロポロジー』のプロモーション

【ポイント】

・中止した人は追いかけない
・月刊の会報誌を発行

毎月離脱と10年以上のリピーター

『北海道アンソロポロジー』では、リピーターのうち5％が毎月離脱していく。それは、必ずしも更年期が終わる年齢を迎えたからという理由ではない。一方で、28％は10年以上の継続顧客となっている。

これは、商品がローヤルゼリーだから、健康食品だからという単純な理由ではないようだ。商品が変われば、顧客のニーズや好みも変わる。大切なのは数字を知って、それに対してどのような新規顧客の獲得を行うか、あるいはリピーター作りのためのプロモーションを行うかを分析することだ。

去る者は追わず

『北海道アンソロポロジー』では、毎月5％がリピート客から脱落して行くものの、購入を止めてから3カ月以内にもう1回再開してくれる割合が20％にも及ぶ。

これは、**購入をやめるという顧客に対し、すぐ引き止めるようなアプローチを一切しないことが鍵になっている。**やめると連絡した際に引き止めアプローチが強いと、20％もの

図表24　『北海道アンソロポロジー』のキャンペーンDM例

再開率は望めないだろう。顧客の意識として、「もう1回始めてもやめる時が面倒だ」という気持ちが働いてしまう。そこでチャンスが消失してしまうのだ。

「いつでもまたお声がけください」と気持ちよくやめてもらうことは、顧客に対して「いつでも気軽に戻ってこられる」という安心感を与える。

もちろん、こうした反応は年齢によっても異なる。同社の離脱者で最も多いのが、68歳だ。そのため、70歳前後で止めた顧客は、戻ってくることは少ない。しかし、50代後半から60代前半の顧客は、サプリメントの服用を止めたら体調が悪くなったということもあり、高い確率で再開の申し込みが入る。例えば、服用していた頃はぐっすりと眠れていたのに、止めたら疲れが取れにくくなって寝付きも悪くなったというのだ。使用期間中に確かな効果をもたらせるか否かも、リピート客を復活させる大切な要素だ。

会報誌が強力なプロモーションツールに

このような意見は、会報誌を作ることですくい上げることができる。『北海道アンソロポロジー』では、毎月会報誌を発行している。その際、直接顧客に使用の感想を聞くのだ。むしろ、顧客の意見を拾うツールとして、会報誌を活用しているといったほうがいいかもしれない。

会報誌の内容は、50～60代の女性が興味を示す自然や文化、食やおしゃれ、エクササイズといったコンテンツが中心だ。更年期や女性の健康という観点での特集も組むことで、商品の購買につなげるページ作りの工夫も行っている。

一方、**商品情報や販促告知のページはほとんどない。**かつては逆で、ほとんどが商品情報と販促告知だったが、情報が単調化するとともにレスポンスの低下も目立ってきた。そこで、顧客満足度重視の読み物や写真にウエイトを置き、商品情報は必要なタイミングのときのみ掲載するというメリハリの利いた誌面作りに変更したのである。

記事の内容も、大多数が楽しめる料理やダイエットから、少数のみが楽しめるマニアックな趣味なども取り上げ、単調にならないように工夫している。

また、以前は芸能人や著名人のインタビュー連載を掲載し読者の反応も良かったが、コストが高く取りやめた。その代わり、「ミラクルクイーン」の利用者が登場するページを設けている。購入歴が1年目を迎えた人、5年目を迎えた人など、アニバーサリー時期に声をかけることで、あまり目立ちたくないという顧客でも、快く取材に応じてくれる。取材では、プロのメイクを同行させてヘアセットなどもサービスしている。

こだわりの大人女性の特徴として、このような対応が信頼の構築や特別感の演出につな

図表25　『北海道アンソロポロジー』の会報誌

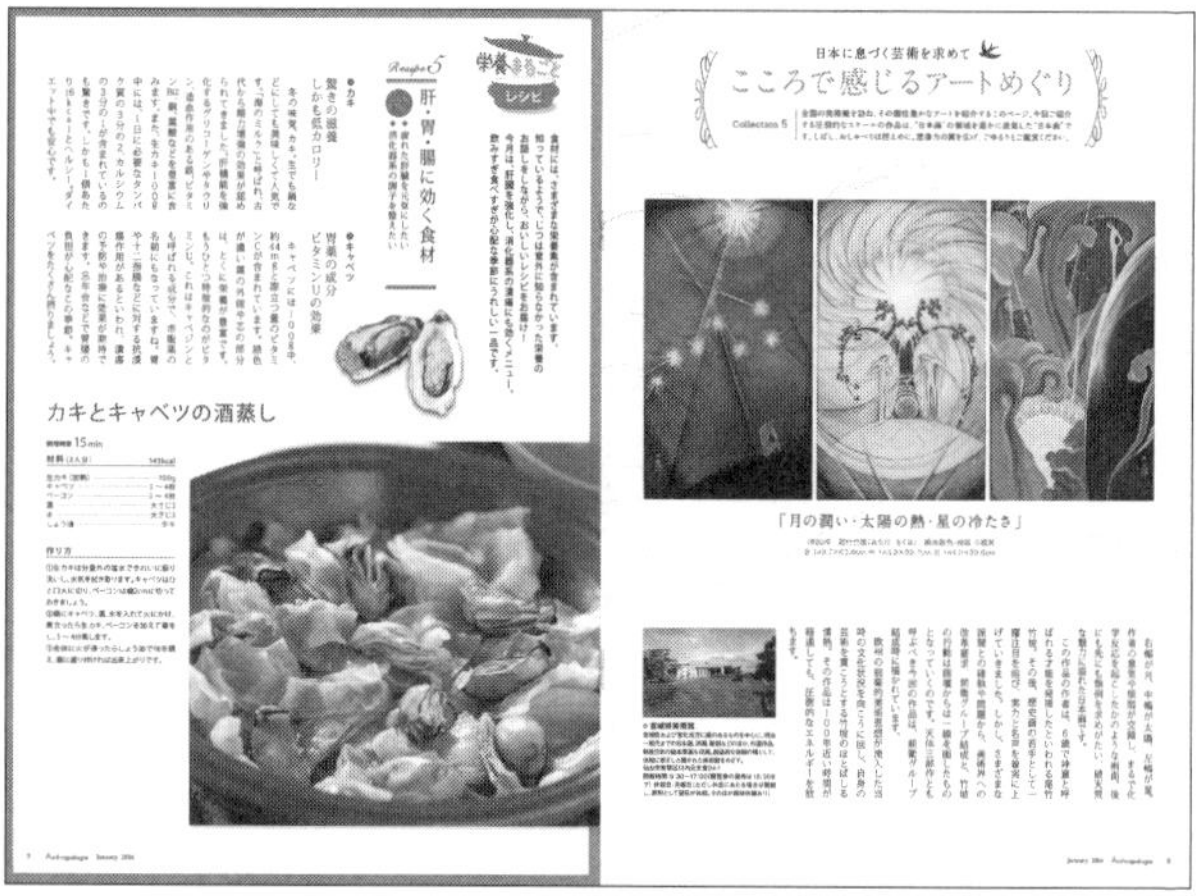

がり、脱落者を減らすことに役立っている。そして、会報誌を読んだ顧客にとっては、同じ使用者の生の声が聞けることが、リピート継続の後押しになっているのだ。

「日本版DSHEA」でプロモーションの形が変わる

同社では、2015年の3月末までに1万8000人、2016年の3月末までに3万人の顧客獲得を目標としている。

そのため、今後は広告宣伝に投資をしていく予定だ。特に、2015年より健康食品の表示に対する規制が緩和されることになっており、プロモーションの大幅な見直しを検討している。

2013年6月に閣議決定された規制改革実施計画で「一般健康食品の機能性表示の容認」が盛り込まれ、サプリメントの新たな機能性表示が可能になる。新制度案では、米国のDSHEA法（栄養補助食品健康・教育法）をモデルとし、科学的根拠を条件に企業責任のもと表示を容認するというものだ。**この日本版DSHEAのスタートによって、健康食品業界のプロモーション戦略は大きく変わる。**このようなタイミングを逃さず、新たな動きや投資を行うことが重要だ。

今後はネットでのプロモーションに注力

また、およそ10年後には団塊ジュニア世代が50代に突入する。新たな更年期世代をターゲットとするためにも、いまがプロモーションのあり方を考え直す時期であると言える。

ブランドの立ち上げ当時、一番のリーチメディアは新聞だったのに対し、その効果は少しずつ薄れている。団塊ジュニア世代は新聞を読まない割合が増えており、より効果的なメディアの選定が急務になっている。

健康食品の場合、テレビのインフォマーシャルには、一定の効果が期待できる。しかし、どの局を選ぶか、どの時間に打つかなど様々なデータから検討する余地は大きい。

例えば、29分枠のインフォマーシャルは商品にかける思いから、製法や成分に対するこだわり、体験者の声まで、すべてを盛り込むことができ、高いレスポンスが期待できる。

しかし、コストの点から考えれば、回数をどんどん増やすわけにはいかない。

そこで『北海道アンソロポロジー』が注目しているのが、ネットでのプロモーションだ。

これまでは、今そこにいる顧客に向けたプロモーションを行ってきたため、50～60代の女性のネット利用率を考えると、思い切った展開ができなかった。

しかし、シニアの入れ替わりとネット普及率の伸びを鑑みた場合、ネットでの新規顧客獲得比率を上げていくことは不可欠であると考えられる。

(3)『豆腐の盛田屋』のプロモーション

【ポイント】

・産地である椎葉村のストーリーを全面展開

・テレビのインフォマーシャルを活用

・イメージキャラクター「ぺコリ君・おじぎちゃん」によるPR

商品のバックグラウンドをPR

宮崎県椎葉村から誕生した豆乳石鹸は全国区的な商品になってきており、広告展開も全国に向けて行わなければいけない段階にある。

これまでは、チラシや新聞など紙媒体中心のプロモーションを展開してきた。しかし、商品の特性上、そのストーリー性やブランドのバックグラウンドをしっかりと打ち出すため、長尺のテレビインフォマーシャルは同社の商品に非常に適したプロモーション手法であり、今後も効率的に活用していく予定だ。

新聞とテレビのクロスメディアによるプロモーション

とはいえ、新聞という媒体も単品通販にとって使い勝手が良い。バリエーション通販と異なり、単品通販では押す商品がひとつのため、いつ載せても商品の提供が可能だ。そこでコストが安い時期を狙うこともでき、確実にCPA（コスト・パー・アクイジション）を改善できる。

ただ、新聞広告のスペースは限りがあり、『豆腐の盛田屋』では自社商品のストーリー的な部分を訴えるため、クリエイティブの向上を常に行っている。

また、ネットによるプロモーションでは、印象的なイメージキャラクターである「ペコリ君・おじぎちゃん」を使った取り組みを行ってきた。例えば、フェイスブックを通してペコリ君をモチーフにしたキャラ弁コンテストを開催。SNSによる顧客の取り組みも積極的に展開している。

図表26　『豆腐の盛田屋』の新聞5段広告

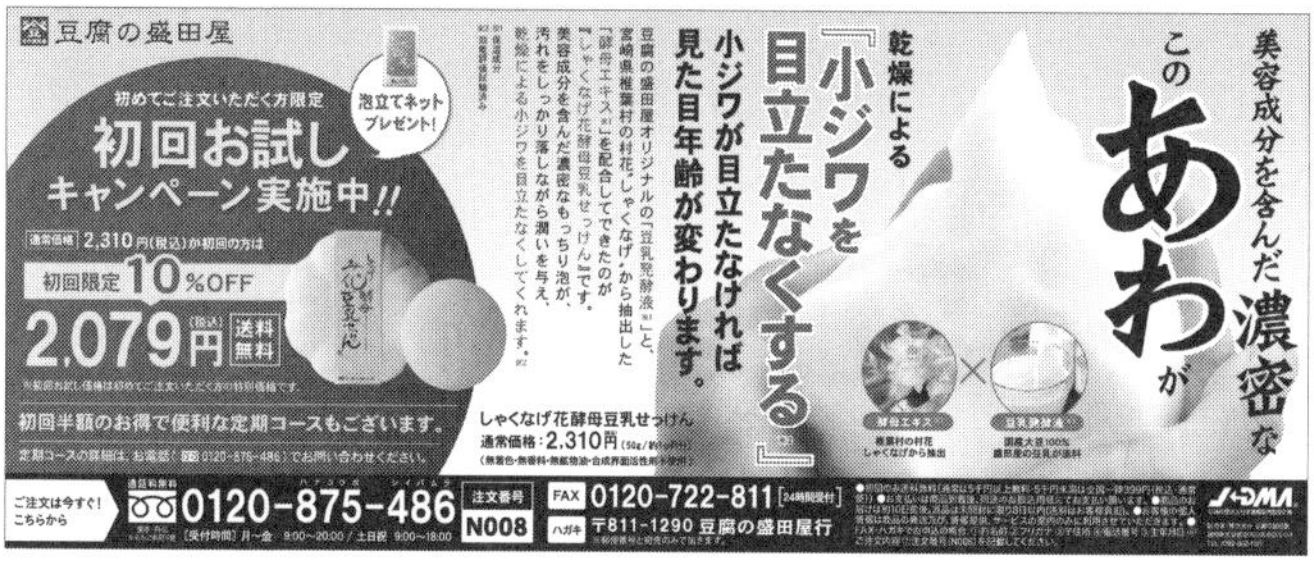

図表27　『豆腐の盛田屋』のペコリ君・おじぎちゃん

電話によるアプローチよりDMを好む顧客も

『豆腐の盛田屋』ではこれまで、紙媒体広告に加えて電話でのアウトバウンド・コールを行うことでリピート率60〜70%を維持してきた。

しかし、近年ではこだわりの大人女性の中にも電話を好まない人が増えたり、仕事を続けていることで同社の営業時間内で固定電話になかなか出てもらえないなどの事態も起きている。かといって、その顧客リストを使わないのはあまりにもったいない。

そこで、同社ではDMからの誘導も並行して実施している。DM、そしてネットによるリピート率は30%で、電話によるそれの半分以下ではあるものの、売上を拡大していくための新しいプロモーション手法として一定の効果を発揮している。

将来的には、いわゆる電話営業に頼らない、新しいプロモーションのスタイルも構築して行く予定だ。

図表28　『豆腐の盛田屋』の新規顧客用パンフレット「てをつなごう」

第4章のまとめ

□消費者心理のプロセスを掴む

□認知や欲求だけでは購買には結びつかない

□単品通販にはインフォマーシャルの効果が高い

□こだわりの大人女性のファッションには「マイナス10歳」の法則がある

□「去る者は追わず」で復帰客を呼び込む

□会報誌も重要なプロモーションツールになる

第5章

ネットの可能性をフル活用する

1. 高まるこだわりの大人女性のネットリテラシー

ネット活用に消極的な企業も

ターゲットがこだわりの大人女性である場合、通販におけるネット活用に消極的な企業は少なくない。

ネットが生活の一部となっている若年層や、ビジネスでネットを活用してきた男性とは違い、こだわりの大人女性はまだパソコン操作やスマートフォンの活用に長けているとは言えないと考えるためだ。

しかし、通販のプロモーションや集客において、ネットの活用がもたらす利益は非常に大きい。第1章でも述べたように、こだわりの大人女性のネットリテラシーは高まりつつある。また、次世代のシニアである団塊ジュニア世代の女性は、すでに生活の中でネット活用があたりまえのものとなっている。**中長期的に考えれば、ネットを活用してのプロモーションや集客の仕組みを整えておくことは、シニア通販事業の拡大に不可欠だ。**

とはいえ、現時点でネット活用に着手はしているものの、なかなか軌道に乗っていないという事業者も多いことだろう。そこで本章では、ネットの可能性を最大限に活用するにはどうすればいいのか、問題点や改善のポイントを明らかにしていきたい。

2．数値でのシミュレーション

「うちの顧客にはネット利用者が少ない」

ネットに対する顧客からの芳しい反応がない場合、「利用者が少ない」と判断し検討すら行わないケースがある。しかし、一口に「少ない」と言っても、それは1％を指すのか、10％を指すのか、数値で把握されているわけではないのではないだろうか。

「少ない」ということは、言い換えれば「ゼロではない」ということだ。にもかかわらず、その「少ない」が数字上でどれだけのものなのかを明らかにしないうちに、必要性がないと判断するのは早急と言えるだろう。

事実、シニアだからといって通販におけるネット利用が少ないわけではない。49ｐで示した通り、2013年に通信販売を利用した人の申し込み手段のうち、50〜59歳の女性ではパソコンによるインターネットが57・4％、60〜69歳でも、33・1％だった。ネットとの接触頻度は、決して少なくないことが分かるだろう。

例えば、自社がターゲットとする顧客の95％に、ネットへの関心がないとしよう。ネットを活用して買い物をする潜在顧客は、わずか5％だ。

しかし、その5％の中から何人誘導できるかをカウントしてみるとどうなるだろう。自社商品が掲載されたり表示されたりするモールや検索サービスなど1サイトから仮に1日5人の訪問客があるとして、そうしたサイトが1000あれば5000人、1カ月では延べ15万人になる。

この15万人に対してオンラインショップを立ち上げれば、スタートから数億円の年商を見込むことも不可能ではない。この規模を最初から捨ててよいものか、しっかりと検討する必要があるだろう。

多くの場合、こうした細かい検討をしないまま、「ネット売上10％以上を目指す」といった目標を立てがちだ。しかし、順番が間違っている。現状を把握することが先決である。これによって、自社のネット通販に足りない要素は何か、それを解決するには何を成すべきかがクリアに見えてくるだろう。

図表29　販売計画書の例

	1	2	3	4	5	6	7
1	オンラインショップ販売計画						
2	サイト名	ABCD 2013年度					
3				4月	5月	6月	7月
4				30	31	30	31
5	基本アクセス	訪問者数	150	4,500	4,650	4,500	4,650
6		CV率	3.00%	3.00%	3.00%	3.00%	3.00%
7		購入者数		135	140	135	140
8		購入単価(千円	5.0	5.0	5.0	5.0	5.0
9		売上金額(千円)		675	698	675	698
10		費用					
11	広告①	訪問者数	0	10,000		5,000	
12		CV率	1.00%	1.00%	1.00%	1.00%	1.00%
13		購入者数	0%	100	0	50	0
14		購入単価(千円	5.0	5.0	5.0	5.0	5.0
15		売上金額(千円)		500	0	250	0
16		費用		2,000		1,000	
17	広告②	訪問者数	0		2,000		2,000
18		CV率	1.00%	1.00%	1.00%	1.00%	1.00%
19		購入者数	0%	0	20	0	20
20		購入単価(千円	5.0	5.0	5.0	5.0	5.0
21		売上金額(千円)		0	100	0	100
22		費用			500		500
23	リスティング	訪問者数	5,000	5,000	5,000	5,000	6,000
24		CV率	6.50%	6.50%	6.50%	6.50%	6.50%
25		購入者数	0%	325	325	325	390
26		購入単価(千円	5.0	5.0	5.0	5.0	5.0
27		売上金額(千円)		1,625	1,625	1,625	1,950
28		費用	500	500	500	500	600
29	店舗連動	訪問者数	50	1,500	1,550	1,500	1,550
30		CV率	3.00%	3.00%	3.00%	3.00%	3.00%
31		購入者数	0%	45	47	45	47
32		購入単価(千円	5.0	5.0	5.0	5.0	5.0
33		売上金額(千円)		225	233	225	233
34		費用		200		200	
35		訪問者数	0	0	0	0	0
36		CV率	3.00%	3.00%	3.00%	3.00%	3.00%
37		購入者数	0%	0	0	0	0
38		購入単価(千円	5.0	5.0	5.0	5.0	5.0
39		売上金額(千円)		0	0	0	0
40		費用					
41	計	訪問者数		21,000	13,200	16,000	14,200
42		CV率		2.88%	4.02%	3.47%	4.20%
43		購入者数		605	531	555	596

試算を行うには、図表29のような販売計画書が役立つが、まず基本となる数字として、現時点でのデータを洗い出す必要がある。

例えば、サイトへの訪問数が月に4500人（1日150人）、CV率が3％で135人、ひとりあたりの購入単価が5000円である場合、1カ月の売上金額は67万5000円となる。年間売上高では、800万円以上に達する。

ここから、広告をうった場合のデータを数値で把握していく。200万円でバナー広告を出し、サイトへの訪問者数が1万人に増加したもののCV率が1％に止まった場合、購入単価に変化がなければ、この広告に対する1カ月の売上は50万－200万円で、150万円の赤字ということになる。CV率を高める広告表現が必要など、改善すべき点も見えてくるだろう。

試算結果を分析すると、予算をかけて広告から人を呼ぶよりも、既存のリソースから呼ぶ方が効率的であるケースもある。最近、小売業では「O to O」という言葉がさかんに用いられている。「Online to Offline」の略で、オンラインとオフラインの購買活動が連携し合う、またはオンラインでの活動がオフラインでの購買に影響を及ぼす、などの意味を持つ用語だ。

ネットで価格を調べてから店舗で買うといった行動などが分かりやすい例だが、顧客を購買に結び付けるにはどのような方法がより効率的かについて、しっかりと数値化したデータをもとに考えることが大切だ。

販売計画書によって現時点での数字が見えてきたら、ネットでの売上でいくらを目指すのか目標値を設定する。

その目標値に応じて、リスティングや店舗連動などの施策を打ち出していくわけだが、いずれにせよ数字が大事だ。現時点での訪問者数や売上がどの程度であり、今後はいくらを目指し、そのためにはどのような施策が必要かをクリアにすることが不可欠だ。感覚的に「少ない」「伸びない」で、片付けてしまうことは厳禁である。

販売計画書を作ることで、「少ないと思っていたがその通りだった」、あるいは「わずか1％実現するだけで1億円の売上になる」など様々なことが分かってくるだろう。そのうえで「ネット売上10％目指す」場合はどのような施策の組み合わせが有効なのか検討するのである。

数字は現状や次の一手を分析するうえで非常に役に立つ。先入観を捨てて、しっかりと試算することをお勧めしたい。

数字で全体の規模感をつかむ

図表30のようなワークシートも役立つだろう。

オンラインショップは、単独では存在しえない。フェイスブックやツイッター、ミクシィなどのＳＮＳからの誘導は大きい。また、メルマガによる誘導もあるだろう。店舗との連携もある。「ＳＮＳをやっている人は少ない」「他の媒体から来る人はあまりいない」などの感覚ではなく、何人誘導できているのか試算する必要がある。ワークシートは、その流れをイメージするためのものだ。

例えば、1日１０００人が訪れるオフィシャルサイトから、50％がネットショップに来ると仮定する（ａ）。各種ＳＮＳサイトからの誘導があると、３００人（ｂ）がネットショップに来店し、さらにメルマガを配信した場合、５００人（ｃ）が上乗せされる。ただし、ＳＮＳとメルマガからの情報発信を同時にした場合は、単純に（ｂ）＋（ｃ）ほどの増加はなく、ほぼ（ｃ）程度と読む。

このようなシミュレーションによって、売上としては1日で30万円、年商1億円規模となるポテンシャルを秘めていることが分かってくる。また、これは広告などの販促を実施しなかった場合の試算であり、プロモーションを行うことで、これ以上の結果が見込める。

図表30　ネットショップ新設の場合のワークシート

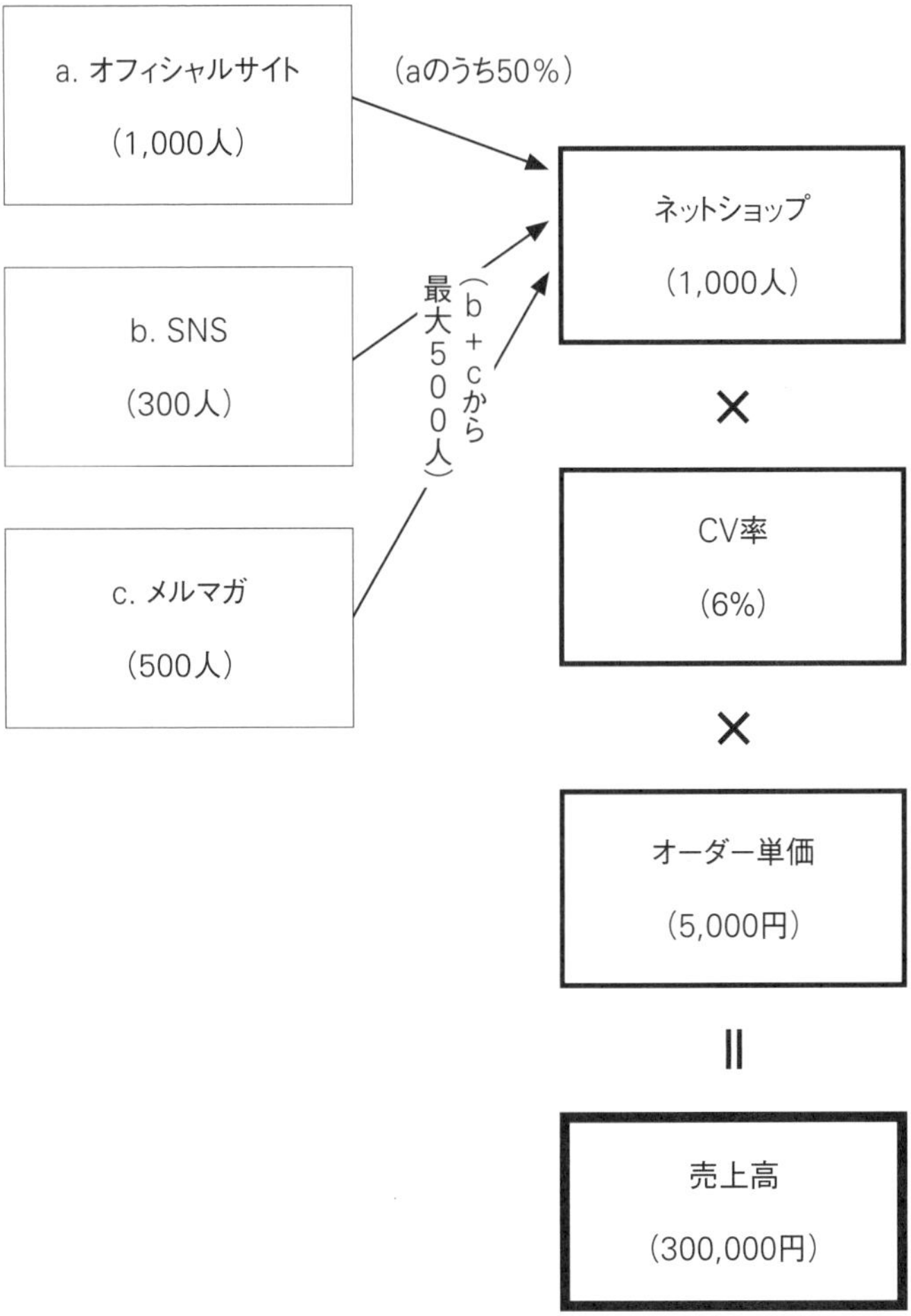

もしも、すでに店舗を持ち、活用すべきネットのチャネルを持っているのであれば、そこからどれだけの誘客ができているのかをシミュレーションしなければならない。

ここに当てはめる数値は、推定で問題ない。このような数値は、不明だからといって何も入れないとその先の数値も見えてこない。

正確でなくても、おおよそこのぐらいという数値を当てはめながら試算して行くことで、ネットによる売上の規模感がつかめてくるのだ。CV率などは推定ではあるものの、平均値を当てはめることで全体像が見えてくる。

いずれにせよ、感覚や言葉で「少ない」と片付けるのではなく、まずは数値で測り、試算すること。ネット活用の是非は、その先に考えるべきことだ。

3.コアファンを核としたリピーター育成

「かまって欲しい」を満たす

ネット活用の課題として、メールを送ったりキャンペーンを行ったりしても、リピーターがなかなか増えないという話をよく聞く。

若年層の場合は、しつこくコミュニケーションをかけると「うっとうしい」という感情が強くなり離れていく傾向がある。自分が気に入っているブランドであってもだ。

一方、こだわりの大人女性は自分にしっくりくるブランドであれば、むしろコミュニケーションを積極的にとりたいと感じる。**こだわりの大人女性のひとつの特徴は、全体的に「かまってほしい」ということだ。**自分にしっくりと合うブランドを見つけたら、F1層のように流行に左右されてあちこちと浮気することが少ない。そして、**自分の声に耳を傾け、気持ちに寄り添ってくれれば嬉しく感じ、ますます好きになるのだ。**

こうしたこだわりの大人女性の傾向を踏まえたリピーター育成を、ネットを活用して行うことをぜひ検討したい。

キーワードは「ファン化」

リピーターの育成とは、ブランドを気に入ったファンを増やすことである。そのため、ファンによるファンの拡大、名付けて「**雪だるま施策**」を実行してみると良いだろう。

ファンを作るとはどういうことか。顧客のファン化に求められるのは、広告を打つことによる単純な集客や、大量の資金投下だけに頼ったビジネスモデルではない。ファンを核とした、クチコミ活用のビジネスモデルと言える。それは、お金で人を集めるか、ブランドの魅力で集めるかの差である。

「雪だるま施策」の肝は、先に購入した顧客が、次の顧客を呼び、さらにこの顧客がまた新しい顧客を呼ぶという集客法だ（図表31）。

Aさんがあるブラウスを買って、心から気に入ってファンになったとする。すると、Aさんは Bさんへ向けて、「ここのブランドのブラウスは本当に良い」という情報を本心から発信する。これによって、Bさんが次のファンとなる。そして、また次の……といった具合にファンの規模が拡大して行く。

ここで重要な鍵を握るのが、最初のAさんとなる集団を集めることだ。実は、お金や物で集めた顧客は、本物のファンになりにくい。お金欲しさ、物欲しさのお得が好きな集団を形成するだけになってしまう。やがて、別のブランドでもっとお得なことがあれば、あっという間に移っていくだろう。雪だるまの核は、硬くなければすぐに崩れてしまう。つまり、**コアファンのレベルが低いと、ファン化が上手く進まない**わけだ。

では、〝浮気〟をしないコアなファンを集めるにはどうしたらよいか。どのようにして集まったファンが、雪だるまの強固な核となり得るのか。

図表31　ファン化のための「雪だるま施策」

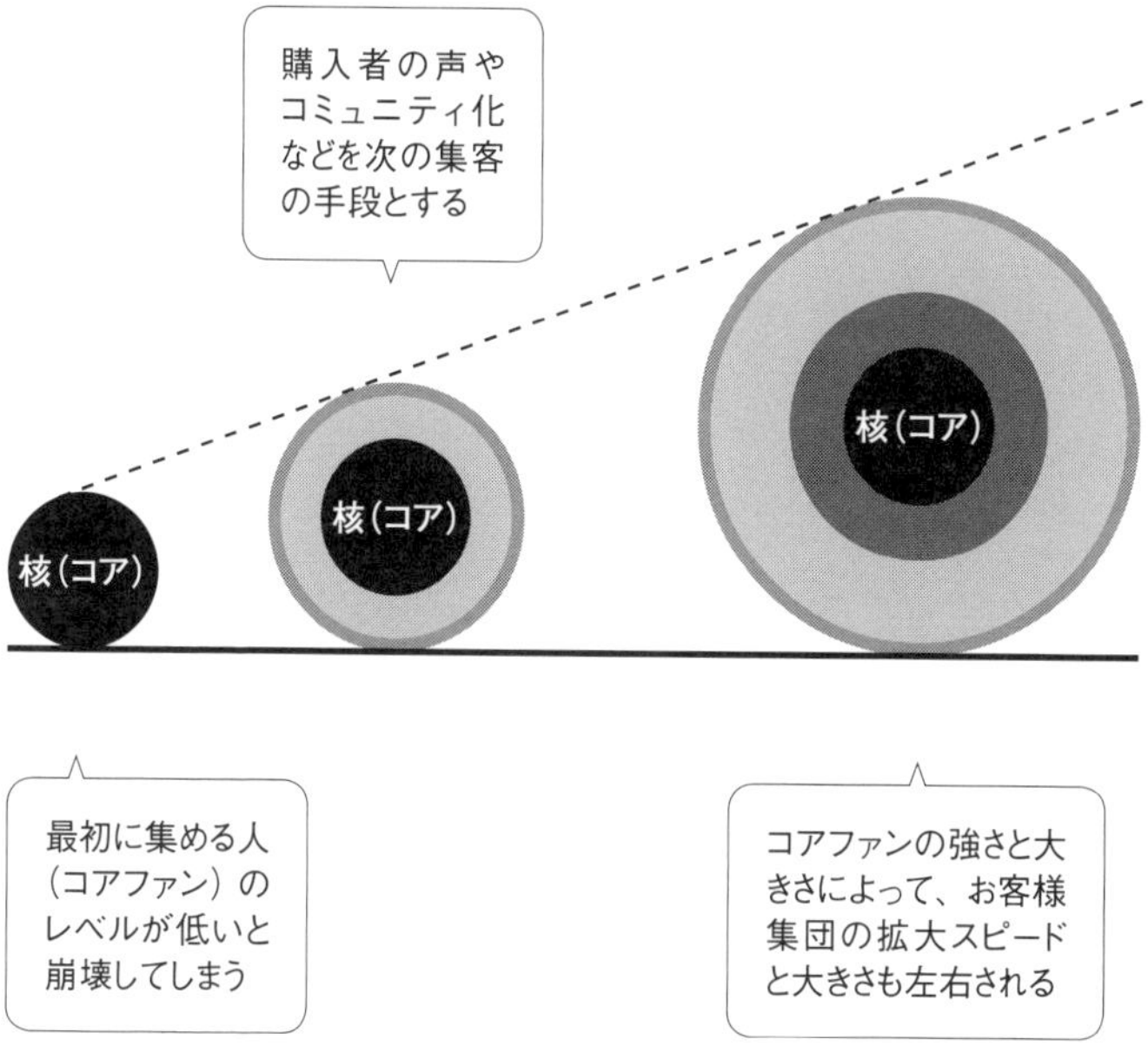

○ レベルの高いファンを核としたクチコミ活用のビジネススキーム

× 単純な広告による集客と資金力だけに頼ったビジネススキーム

コアファンをあぶり出す

まず、コアファンとなる顧客にはいくつかの条件が挙げられる。**例えば、過去3回以上購入している、1年以内に購入履歴がある、いずれかのアイテムをリピートしている、同ラインから2種類以上購入している、**などだ。

これらの条件にマッチする顧客をある程度絞り込んだら、対象となる顧客に対して、アンケートを実施する。その目的は、コアファンのあぶり出しである。アンケートに答えたからといって、何らかの見返りを与えてはいけない。純粋に、モニターや商品発表のイベントに参加してみたいかを問うとよい。

アンケートに答えると、景品がもらえたり、あるいはポイントが2倍になるなどの特典が用意されていることがあるが、コアファンのあぶり出しの場合は厳禁である。見返りがなくても、行動を起こせる人を選別するのが目的だからだ。

このような条件のもとで、アンケートに答えたり、イベントに参加する意志を持っていれば、コアファンになる可能性が大いにあると考えられる。すでに、そのブランドに対する愛着があると捉えてもいいだろう。

「ブランドの次号カタログの校正をお手伝いしてください」「新商品開発のミーティングに

参加しませんか」などの呼びかけも有効だ。コアファンであれば、ぜひ参加したいと思うはずだ。このような内容を、アンケートに組み込んでしまうのもよいだろう。

さらに、アンケートでは以下のような質問をすることで、コアファンにふさわしいか否かが見えてくる。

①**「お友達にこのブランド(商品)を紹介したいですか?」**

↓コアファンなら紹介したくなる

②**「SNSやブログをお持ちですか?」**

↓第二第三のファンを作るための有効なツールとなる

シニアに限らず女性の場合、自分の知っている良いものは友人に教えたくなる傾向が強い。とはいえ、自分の気に入っているものを薦めた時、あまり良い反応が返ってこないのも心が傷つくため、何でも紹介したくなるとは限らない。それにもかかわらず、友人に薦めたいと答えるならば、すでにブランドのコアファンになっていると捉えることができる。

また、SNSやブログを利用していることは、今の時代に必要な条件だ。効率よく雪だるまの第二、第三の層を形成するには、コアネットの力に頼る方が効率的だ。

女性はコミュニケーション能力が高く、井戸端会議に端を発し、クチコミでファンを増やすことも不可能ではない。しかし、ひとりの個人が何人の個人に発信できるかと言えば、数人から、多くて十数人といったところだろう。その点、SNSはその規模が無限とも言える。もちろん、F1層をはじめネットリテラシーの高い若年層と比較すれば、こだわりの大人女性のそれは低い。しかし、ファン化という点を考えるとき、こだわりの大人女性だからと言ってその可能性を排除してしまうのはあまりにももったいない。

コアファンとしての素質を持ち、かつ情報発信ツールを駆使している人を発掘できれば、それが数人であってもプラスとして考えるべきだ。将来の有力なコアファン候補として、必ず獲得しておきたい。

コアファン候補の活用

もし、SNSを利用しているコアファン候補が100人以上の規模で発掘できたなら、コミュニティサイトを作成すると良いだろう。

2010年前後、通販各社がコミュニティを作成した時代があった。しかし、その多くが現在、すでに撤退している。その原因のひとつに、スタート時の人の集め方に問題があったと考えられる。つまり、コミュニティサイトを立ち上げてから人を集めたわけだ。

しかし、これでは雪だるまの核となるだけのコアなファンにはなり得ない。「ブランドのファンがこれだけいるから、コミュニティサイトを作る」というふうに、発想を転換する必要がある。

また、SNSの利用者が100人未満であれば、その人たちが参加するサイトにしていくのも良い方法だ。

例えば、マイページの充実である。自分が登録した情報が確認できる機能や、投稿への評価やファンとしての貢献度が確認できるページ作りをしていくとよい。レビューのページでは、商品別に書き込める構成が望ましい。それぞれの商品について、購入して使った感想などが投稿できることで、購買意欲の刺激にもつながる。

投稿されたレビューに対して、評価アクションができることも重要だ。「参考になった」「Good」などのクリックを行えるようにするのだ。これによって、レビュー数が増えるだけでなく、参加したいという意識を刺激して、一般顧客のファン化の促進にひと役買う。

その他、非商品投稿ページとして定期的にテーマを投げ掛け、それに投稿できる機能もお勧めだ。「あなたの困った体験」「プチ贅沢自慢」「この夏の思い出」など、つい書き込みをしたくなるテーマがよいだろう。

不定期なサプライズを仕掛ける

「リアルパーティ」の開催なども、ファン化促進に役立つ。それも、定期的ではなく、あえて不定期に行うのがポイントだ。

イベントなどを定期的に行う企業もあるが、これは毎月1回や隔月の「特典」となってしまい、下世話な販促につながる。お金や特典でファンを集めることと、変わりがなくなってしまう。

サプライズは「このブランドは楽しそう」と思わせることが目的だ。ファンに対して、感謝の意味を込めて不定期なサプライズを提供する。

例えば、アパレルの場合、自社ブランドのドレスを提供し、かつメイクやヘアセットもプロに頼める場を設けて、ファンによるファッションショーなどを開催してみるのはいかがだろう。このような不定期なイベントであれば、新規顧客獲得のための広告費に比べて費用は安くて済む。そして、ファンの心を掴む効果は絶大である。

顧客の満足とは、良い意味で「ありえない」と思ってもらうことだ。だからこその不定期である。とくに期待もしていないところで、何らかの恩恵が受けられれば、とりわけシニアは恩義に感じ、それに対して裏切ることができなくなる。「かまってもらいたい世代」

の心を掴むには効果抜群だ。彼女たちは、決してそのブランドから心変わりすることはないだろう。

そして、これらの出来事は、すべてネット上に記録しておく。**ネット上のドキュメントは無制限に増やせて、次の世代、つまり雪だるまの外側の層に対しての宣伝効果をもたらす。**

過去に遡ってブランドの歩みを見ることで、「こんなこともしてくれるブランドなのか！」と夢が広がる。「私ももしかしたら……」と期待感を持って、最初の商品を買う可能性がある。「お得」への期待感は持つものの、その時点では恩恵を受けていないため、むしろ次世代のファンとなる可能性を秘めている。

恩義に対して裏切れない、裏切らないシニアの女性であるからこそ、適切な販促によってファンを作るのだ。

ファン化という目標の達成度合いを計る指標としては、新たなファンが翌年もこれらの条件に該当した性質を維持していることや、高い継続率を達成していること、前年購入者の本年度購入額対比が50％以上であることなどが挙げられる。

新規顧客の開拓とファン化のタイミング

以上のように、コアファンをどれだけ作れるかが「リピーターを増やしたい」という問題の改善につながる。ファン化とは、つまり「ブランド力を高める」こととイコールだ。ただし、様々なアプローチをいつ行うかは各企業のタイミングによって異なってくる。

例えば、新規に立ち上がったばかりのブランドであれば、すぐにファンを集めるのは不可能だ。このような場合、まずはアクイジション・マーケティングと呼ばれる露出を中心としたアプローチを行う必要がある。そして、リピート客が増えるにつれて、ファン化を中心としたリテンション・マーケティングにシフトすればよい。

アクイジション・マーケティングは、広告宣伝費優先の施策となるため利益は出にくい。しかし、新規の企業では露出なくして認知度の高まりはない。そのため、当初は露出8：ファン化2ぐらいの割合で取り組むことが望ましい。

そこから徐々に5：5から2：8へと逆転させていく。いつまでもファン化に取り組まず露出ばかり行っていては、経営は破たんするだろう。新規顧客は増えても、広告費がかさむためだ。

また、いったん固定客の「雪だるま」が大きく成長しても、これが少しずつしぼんでしまうこともある。企業が社会的な問題でも起こさない限り、雪だるまは基本的には大きくなっていくものだが、**この大きさは直線の右肩上がりで増加して行くのではなく、最初は緩やかに成長し、ある程度の力を蓄えた先に倍々と大きくなっていくものである。**

それを我慢することができずに新規顧客獲得にばかり走ると、ファン化が疎かになるだけでなく経営基盤が揺らいでしまう。そこで、定期的にアンケートを行ってみて、ファンがどれくらいの割合いるのかを数字として把握しておくことが重要だ。

スタート時点で何人ぐらいコアファンと呼べる顧客を獲得できているかを知っておくことも重要だ。もし、核となる顧客が10人しかいなかった場合、次の代のファンはそう簡単にはついてこない。ある程度、中長期的なスパンで見る覚悟が必要だ。

もちろん、ファン化が必要ないケースもある。ネット通販で、その時々に仕入れたものを激安で販売するというビジネスモデルだ。この場合、取り扱う商品によってターゲットとなる顧客も変わるため、ファン化は重要ではない。

とはいえ、リアル店舗の激安店の例からも分かるように、「激安店」というブランド力を誇示する必要はある。いずれにせよ、ネット通販にもブランドは不可欠である。

4. ネット上における動線戦略

「出会い」から「購入」までのプロセス

図表32を見て欲しい。今、ネットの世界ではバナー広告からすぐ購入につながることはほとんどない。

まず、バナー広告で商品を知る。次はその商品のクチコミを捜しに行く。調べる→情報を得るという段階を経て、はじめて購入に結びつくケースが多い。

これは、前述した「ＡＩＳＡＳ」にほかならない。

もちろん、商品の種類によっても異なる。

アパレルの場合、サイトのレビューはチェックするものの、商品自体に関するクチコミまで探しに行くケースは多くはない。むしろ、アパレルはブランドの評価がクチコミによって検索されている。

一方、化粧品はクチコミが大きな意味を持つ。肌に対する効果はどの程度実感できるの

図表32　ネット上の顧客動線

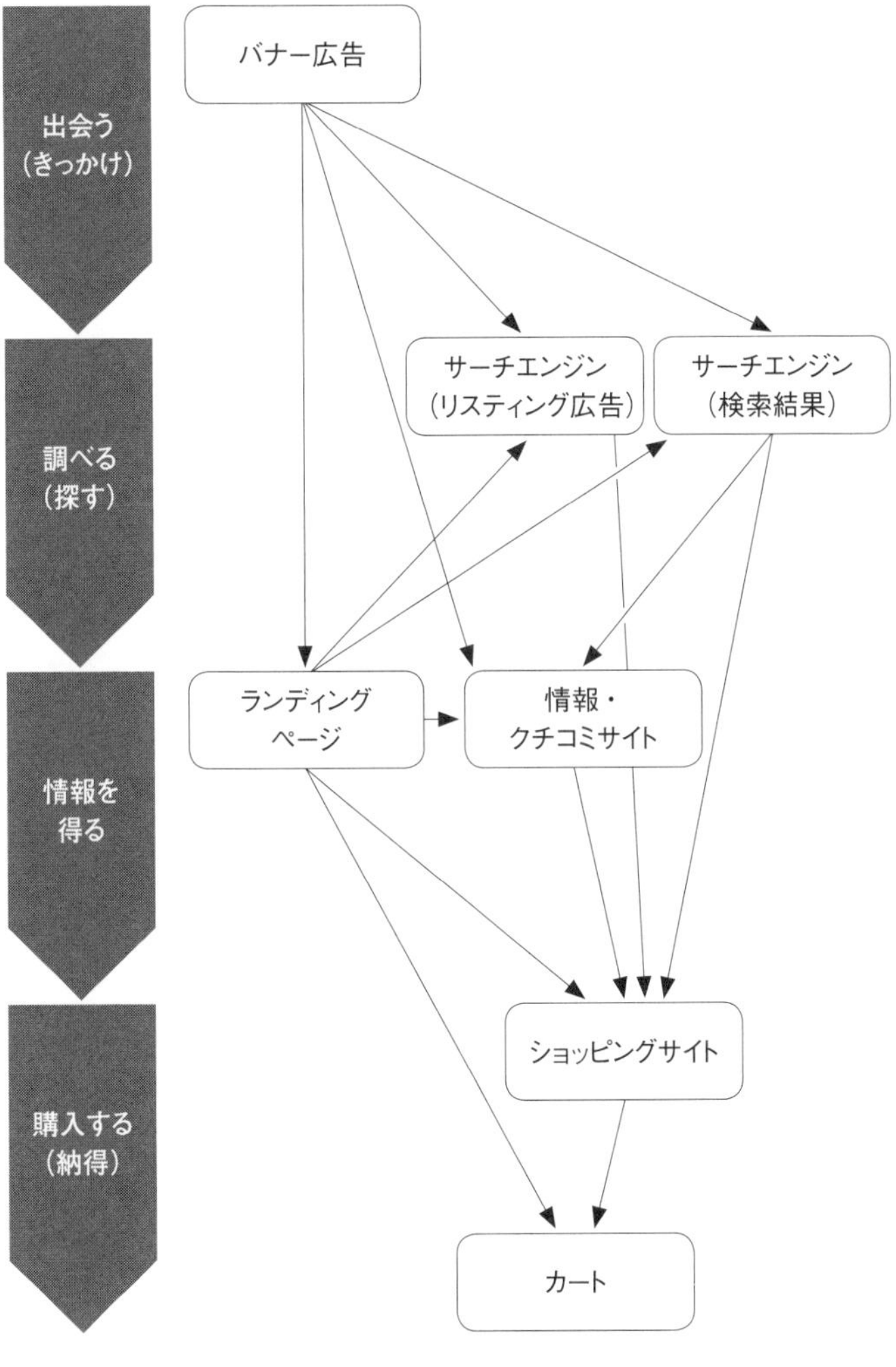

か、使い心地はどうか、香りはきつすぎないか、そしてリピートは多いかなど、クチコミが詳細にチェックされるケースが多い。化粧品の中でも、ファンデーションや口紅以上に、スキンケア商品でこの傾向がより強く見られる。

ただし、クチコミの問題点は「広告全体のバランスが崩れやすい」ということだ。クチコミ連動のバナー広告をたくさん打っているにもかかわらず、その後で購入者がたどり着きたい情報が少ないと、そこで購入への動線が切れてしまう。

その証拠に、テレビのインフォマーシャルは反応が良い。インフォマーシャルでは、ターゲットと同年代のこだわりの大人女性が、商品の使い心地について感想を述べている。これがクチコミ代わりとして機能しているために、購入へとつながっているのだ。

自社商品をネット検索している？

広告フローを意識していない企業は意外に多い。

クチコミサイトには、悪評が並んでいては話にならないが、良い意見ばかりアップされている必要もない。顧客は、何よりも他人の意見を知りたいのだ。そこから購入するかどうかは、顧客本人の意思による。この部分を操作しようと、良いクチコミばかりを並べておくのは、「やらせ」と捉えられ逆効果になる可能性がある。

通販事業者の中には、自社の商品を担当者がネットで検索したことがないというケースもある。自社商品のＰＲばかりやっきになっても、ネガティブな感想を書き込まれていると効果が削がれる。あるいは、顧客から商品やサービス改善のため参考になる意見が書かれているかもしれない。

さらに、自社商品が検索エンジンのどのくらい上位にヒットするかを知らず、対策を講じていないケースも多い。バナー広告を見た後、すぐに検索を行うとは限らない。新聞の広告や折り込みチラシを見て、しばらく時間を置いてからの場合、商品名ではなく「美白青い容器　皮膚科」など印象に残ったイメージだけで検索することの方が多いかもしれない。商品のイメージやタレントで検索をかけられることもあるだろう。

このような様々な状況で考えられるキーワードを予測して、検索エンジンに盛り込んでいるだろうか。自社商品からイメージするキーワードをいくつもリストアップしておくことで、顧客の記憶に残る言葉を把握し、これをバナー広告やインフォマーシャルに盛り込み、検索にヒットしやすくすることができるはずだ。

制作会社は統一する

以上のような注意を払っていても、バナー広告が購入に結び付かないケースがもう一つある。それは、制作会社がそれぞれ違う場合に起こる食い違いだ。

バナー広告はA社が手掛け、検索エンジンはB社が請け負い、クチコミ対応はC社が担当し、ショッピングサイトはD社が作る。このような場合、全体の整合性が取れないことが多々ある。連動を考えていないため、誘導が上手くいかず、それぞれの持ち味が活かされないのだ。

プロモーションとは、様々な要素のバランスを取って初めて、顧客を購入へと導くことができるものだ。全体がつながって初めて、顧客は商品の購入ボタンを押す。綺麗なだけの広告や、美辞麗句の並んだクチコミサイトだけでは、今の顧客は心を動かされない。自分で調べ、検討し、納得して初めて購入へと進む。とくに目の肥えたこだわりの大人女性は、この傾向が顕著だ。

5. ネット活用の方法はひとつではない

バランスが重要

数値でのシミュレーション、コアファンを核としたリピーター育成、ネット上における動線戦略について述べたが、自社にちょうど当てはまるものがあっても、それだけクリアすればネット活用が上手くいくとは限らないことも付け加えておきたい。むしろ、いま挙げた3つは、ネット通販を成功させるためにはどれも必要なことであり、バランスをとりながら取り組むべきである。

おそらく、ネットの活用が上手くいっていないと感じる事業者では、多かれ少なかれ、この3つすべてが不十分なのではないだろうか。まずは、数値によって自社の状況を的確に把握し、進むべき策を試算によって明らかにすることだ。

次に、バランスを考えることだ。費用をかけてバナー広告を大量にうったところで、今の顧客は購入まではたどり着いてくれない。ある程度リピート客が確保できたら、新規顧客の開拓よりファン化に取り組むほうがいい。

特に、シニア女性向けのネット通販は難しいと言われている。各社ともこだわりの大人女性の心を掴むための工夫を試みているが、ことさら「こだわりの大人女性向け」と考えを凝り固まらせる必要はない。不必要なバイアスをかけると、却って好ましくない広告やサイトができてしまう恐れがある。

シニア向けの特別はいらない

2003年から2004年ごろ、シニアをターゲットとしたサイトがいくつも立ち上がった。しかし、これらはシニアの支持を受けず、ことごとく失敗して消えて行った。これは、シニア向けという間違った概念によって作られたサイトであったためと考えられる。単純な例で言えば、老眼の進んだシニアでも見やすいようにという配慮から、文字を必要以上に大きくしたサイトがいくつもあった。このような工夫が、裏目にでたわけだ。

ネットを使い、物を買う人をターゲットとすれば、とりわけシニアだからと言って奇をてらう必要はない。ポイントがあるとするなら、それはごくシンプルに、スタンダードに作ることだ。文字を大きくしたり、オンマウスで商品が大きく飛び出すなどの奇をてらった遊び的なデザインを入れたりすると、途端にスタンダードから外れて使いにくいものとなる。

また、シニア層でネットリテラシーが比較的高い人たちでも、パソコンやスマートフォンで最新機種を使っているケースは少ない。そのため、サイト上の余計な工夫で画面がフリーズするなどの弊害も起こりうる。一度このような事態を経験すると、シニア層はネットへの苦手意識を高めて、容易に戻ってきてはくれない。

シニア層のネット利用者は、もっともスタンダードな位置にいると理解すべきだ。特別視することなく、平均値の対応をするのがいい。フェイスブックやツイッターなども、利用者はいるし、今後は増加する。

もちろん、どの世代にも個人差はあり、ネットリテラシーの格差はシニアになればなるほど広がっていくことは確かだ。20代、30代と比較すれば、ネットをまったくやっていないという人も多いことだろう。

しかし、ネット活用が皆無な層を呼び込む工夫ではなく、まずは絶対数は少なくてもネットを積極的に活用している層を呼び込むことが大切だ。これによって、ネット活用の利便性や楽しさがシニア世代に広まっていき、少しずつ利用者も拡大して行くはずだ。

「オムニチャネル」でこだわりの大人女性のファン化を促進

最近、「オムニチャネル」という言葉を耳にする機会が増えている。店舗やカタログ、コールセンターやネットなど、チャネルを問わずあらゆる場所を顧客との接点とする考え方のことだ。

オムニとはラテン語で「すべて」を意味し、顧客との接点となるすべてのチャネルを融合させるのがオムニチャネルである。これと似た言葉に「マルチチャネル」があるが、複数のチャネルで顧客とつながることを指す一方、サービスの内容はチャネル毎に異なり、チャネルの融合とまでは言えない。

オムニチャネルの場合、例えば紙のカタログのQRコードを読み込んでもらってネットストアに誘導したり、ネットストアで買った商品をリアル店舗で受け取ったりする。複数のチャネルを横断した購買体験によって、顧客に対し利便性や満足感を提供することができるオムニチャネル。ここでも大切なのは、「顧客の都合」を満たすサービスであることだ。

特にこだわりの大人女性に対しては、便利で楽しく、満足感も高いオムニチャネルの特性が、有効に作用するはずだ。

ネットを排除するのではなく、またネットだけにこだわるのではなく、あらゆるチャネルを最適化することで、顧客のファン化を後押しすることができるだろう。

6. スクロール関連3社のネット活用例

(1)『ブリアージュ』のネット活用

現状

こだわりの大人女性をターゲットとしたアパレル通販である『ブリアージュ』では、毎月カタログを発行し、モニター募集も定期的に行い、プロモーションによるCV率も決して低くはない。

これらの取り組みにより継続率は決して低くないが、目標としているラインには到達していない。これは、こだわりの大人女性の「かまってほしい」を十分満たしていないからと考えることができる。

今後の課題

Ｆ１層対象のアパレルに比べてこだわりの大人女性は、次のような自分にあったブランドが欲しいと思っている。

①できることならば、ひとつのブランドに定着したい

②自分の意見などを聞いてくれると愛着がわく

『ブリアージュ』はすでにモニターを定期的に実施し、コアなファンを囲い込むための下準備はできている。これをどうネットで活用するかがポイントになる。

現状では商品をプレゼントした上でのモニター募集のため、「お得」を求める顧客が集まり、コアファンにはなりにくい可能性が高い。商品プレゼントなどを行わず、レビューを求めるアプローチにシフトしてみるのも良いだろう。

誕生から2年が経過しているため、ファン化を促進する雪だるま施策の絶好のタイミングと言える。認知度はある程度高まり、しかしリピート率が低い、という状況であるためだ。

図表33　『ブリアージュ』のサイト画面

(2)『北海道アンソロポロジー』のネット活用

現状

こだわりの大人女性向けの健康食品を扱っている『北海道アンソロポロジー』では、新聞広告や折り込みチラシ、そしてテレビのインフォマーシャルを主なプロモーション手段としている。

ホームページは開設しているものの反応が薄いため、こだわりの大人女性には「ネット利用者が少ない」と判断している。リピーターも電話での申し込みがほとんどのため、ツールとしてのネットにはあまり必要性を感じていない。

今後の課題

リスティングを中心にプロモーションを行っており、獲得効率の改善は一定の評価に達しているものの、獲得規模の拡大が次なる課題となっている。

ネットでの定期購入への移行率は紙媒体の3分の1に止まっているため、ファン化の促

図表34 『北海道アンソロポロジー』のサイト画面

進とそのパターンの確立が不可欠だ。紙媒体では難しいスピード感のある双方向コミュニケーションの場として、サイトの工夫に着手して行く予定だ。

(3)『豆腐の盛田屋』のネット活用

現状

『豆腐の盛田屋』では、こだわりの大人女性向けのスキンケア商品を取り扱っている。健康食品やアパレルなどとは異なり、化粧品のスキンケアラインは、一度自分の肌に合えば使い続ける傾向が強い。そのため電話によるアウトバウンドはリピート率が7割近い。テレビのインフォマーシャルからの反応も一定の評価が得られている。

一方、ネットのバナー広告などからの新規顧客開拓はまだまだ進んでいない。積極的に広告をうち、アクセス数が高いことまでは把握しているが、売上げにつながっていない。アクセスを購買に結びつける誘導が重要だ。

図表35　『豆腐の盛田屋』のサイト画面例

今後の課題

サイト内の売り場配置や商品説明、サービス提供に関して顧客の満足度を高める取り組みが必要であろう。

一般的に言って、様々な情報を提供しようと、ひとつのページの中にメニューやカレンダーや最新ニュースなど複数の情報を表示することは、利用者にとっては混乱を招く要因になる。

同じカテゴリの情報であれば多く表示されても良いが、あくまでもサイトはシンプルが基本。省スペース化のためにアイコンが多用されることなども、サイトの使いにくさを助長する。利用しやすいサイト作りには、複数のカテゴリを詰め込まないようにする必要がある。

また、右矢印は次のページへ、左矢印は前のページへ、家のアイコンはホーム画面へなど、暗黙の記号やアイコンは避けるのが無難だ。余計なデザインはせず、次のページ・前のページ・最初の画面など、あくまでも分かりやすく表示するのがいい。

シンプルなユーザーインターフェイスこそが、サイトの活用促進につながる。

第5章のまとめ

□こだわりの大人女性のネットリテラシーは低くない

□数値を把握してから施策を練る

□「かまって欲しい」欲求を満たす工夫が必要

□優良顧客を選抜して「ファン化」を進める

□ネット広告は「出会い」から「購入」までつながっている

□自社製品がネット上でどのようにヒットするか知っておく

□こだわりの大人女性をターゲットにするサイトは「スタンダード」が一番

おわりに

本書を書き終わって、改めて「こだわりの大人女性」というのは、うまいネーミングだったと感じている。ひと昔前のマーケティングでは、「団塊世代」とか「団塊ジュニア」といった年齢によるセグメントが通用したが、今はそうではない。

シニアという大きな括りではなく、より細分化したセグメントで、そのターゲットの意識や行動パターンをしっかりと把握しなければならなくなってきている。

その点、本書で挙げた様々なデータから「こだわりの大人女性」が、いかに優れたターゲットかをご理解いただけたのではないだろうか。

筆者が卒業した高校では、47歳の年が卒業生全体が集まる同窓会総会の幹事年に当たり、数年前から準備活動をする。青春の一番多感な時期を一緒に過ごした仲間たちが、30年近い時を超えてひとつのミッションに向かって集まる一大イベントだ。

この準備において各セクションを積極的に引っ張っていたのは女性陣で、男性陣は女性に発破をかけられて動いているケースが多かった。このイベントに積極的に参加した女性陣が「こだわりの大人女性」だったのだと思う。

当時の連絡ではメーリングリストが使われ、それは10年たった今でもお互いのコミュニケーションに使われている。２００人を超える50代のメーリングリストだ。

そこで交わされるやりとりを見ていると、「こだわりの大人女性」たちはおしゃれで、アクティブで、まさに第二の青春を謳歌している。子育てが終わって時間にゆとりができ、しかも目が肥えているので、ランチや旅行、各種飲み会にカラオケ、コンサートなど、いずれもスマートな楽しみ方をしている。

これまで筆者は、様々なマーケティング調査を行う中で、数々の「こだわりの大人女性」と接してきた。特にグループ・インタビューの際、彼女たちの積極的な行動、発言はまさに「これから第二の人生を再構築する」気概に満ち溢れていた。

本書を読まれた方が、魅力的で日本を明るくする「こだわりの大人女性」たちをしっかり理解し、シニア通販で成功のヒントをつかめたらうれしく思う。是非とも彼女たちに夢と希望、素敵な生活を提案していって欲しいと思っている。

最後に、本書の執筆をすすめるにあたり、また、取材やデータ提供に協力いただいたスクロール・グループを始めとする多くのスタッフに感謝の意を表する。

そして、団塊・シニアビジネス・高齢社会研究の第一人者で村田アソシエイツ代表の村田裕之先生に、多くの知識や示唆をいただいたことに深く感謝し、筆をおきたいと思う。

株式会社スクロール３６０

高山隆司

山下幸弘

[著者]
高山隆司（たかやま・りゅうじ）
株式会社スクロール３６０ 取締役オムニチャネル戦略室長
1981年スクロール（旧ムトウ）入社後、34年にわたり通販ビジネスの実務を経験。2008年、通販企業をサポートするスクロール３６０設立に参画。以後、200社を超える通販企業の立ち上げや物流受託を統括。2014年からはオムニチャネル戦略室長として、他社のオムニチャネル戦略設計のコンサルティングに従事している。

山下幸弘（やました・ゆきひろ）
株式会社スクロール３６０ プロモーション課長
スクロール３６０設立当初より、通販企業の販促支援を統括。スクロールの通販ノウハウを生かした、コンサルティングから販売促進を含む実務支援において、100社を超える企業の売上拡大支援実績を持つ。

シニア通販は「こだわりの大人女性」を狙いなさい！

2015年2月19日　第１刷発行

著　者――――高山隆司、山下幸弘
発行所――――ダイヤモンド社
〒150-8409　東京都渋谷区神宮前6-12-17
http://www.diamond.co.jp/
電話／03･5778･7235（編集）　03･5778･7240（販売）
装丁&本文デザイン　―加藤杏子（ダイヤモンド・グラフィック社）
編集協力――――大木浩美、古井一匡
製作進行――――ダイヤモンド・グラフィック社
印刷――――勇進印刷（本文）・共栄メディア（カバー）
製本――――宮本製本所
編集担当――――福島宏之

ISBN　978-4-478-02845-2